連/鎖/思/考/に/よ/る/
技術価値評価

松居祐一

大学教育出版

はじめに

　　　「書きとどめよ。議論したことは、風の中に吹き飛ばしてはいけない」
　　　　　　　　　　　　　　　　　　　　　　　　（ガリレオ・ガリレイ）

　現在、日本国内では、知的財産や技術の価値評価に関する議論が盛んに行われている。また、米国マサチューセッツ工科大学で提唱された技術経営（MOT：Management of Technology）をベースにしたプロジェクトや講演会などが、一時、本家である米国以上にブームになった。しかし、この「技術経営」という研究領域の定義は曖昧であり（そもそも、その研究目的から言って、明確に定義する必要はないのかもしれないが）、したがって、現在行われている技術経営に関する議論は、さまざまな人によって、それぞれ得意とする領域で行われている。しかも、各個人の思惑や主張というフィルターを通してアウトプットされ、また、それを聞く側には、聞く側独自のフィルターを通してインプットされることになる。例えば、ある１つの技術経営論は、その一面から見れば反論の余地がないように思われるが、別の機会に、まったく主張の異なる他の技術経営論を学んだ際には、それはそれで、また正しく書かれているのである。もしも、このことを指摘すれば、それぞれの論者は、「それぞれの事例（ケース）では正しいのであり一般論を述べているのではない」という返答をするであろう。まさに、"ケース"スタディや"ケース"メソッドと呼ばれる所以である。もっとも、ケーススタディやケースメソッドは、それぞれのケース固有の議論に基づいて、各々固有の特殊解を得る上では極めて有益であり、一般解を得ることが不可能と思われる技術経営の研究においては、現在

唯一のアプローチなのかもしれない。あるいは、技術経営を学問と捉える研究者にとっては、一般解を得ようとする試みが成されるのは自然なことでもあり、現に多くの著述が行われているが、その結論の多くは、個々の特殊な議論相互の共通解を求めようとするあまり、結局は、（上位）概念的あるいはコンセプト的な抽象的表現に終わっているものが多い。また、このような技術経営や企業戦略の研究は、本来なら日本でも活発に行われるべきであったにも関わらず、欧米を中心に行われてきた。その理由として、欧米にとっては、雛形とすべき"売れ筋"製品や技術がなく、常に、市場と新製品、新技術との連鎖を見通しながら、自らが"売れ筋"製品や技術を開発する必要があったことが挙げられる。一方、日本においては、欧米の製品や基礎技術という雛形があったために、技術"戦略"よりも、むしろ（製造）現場力としての技術"戦術"に注力してきたのである。欧米では技術戦略に精通した多くの人材が、企業経営に直接携わったり、企業経営に関するコンサルタントなどのサポートを行っている。一般解はなくても、過去の特殊解を知っている豊富な人材が、人材流動の激しい欧米諸国の中にあって人的ネットワークを柔軟に進化させることにより、1つの巨大なデータベースが形成され、新製品や新技術を生み出す企業戦略の意思決定に、重要な役割を担ってきたのである。すなわち、今日の技術戦略に関する欧米と日本との格差は、技術戦略に関するデータベースの充実度とこれに基づくナレッジマネージメントの差、日本流に言えば、目利き力の差に原因がある。

　このデータベースの差に起因した目利き力の差は、もしも技術戦略に関する一般解があれば、埋めるのにそれほどの労は必要ないであろう。なぜなら、今後、日本が技術戦略を策定する際に、必要なパラメータをその一般解の式に代入すれば良いだけである。しかし、上述したように、技術経営や技術戦略における問題に関しては、科学技術分野のように原理を解明して一般解を導くことが極めて難しい。科学技術は基本的に自然法則に基づいているのに対して、マーケティングや企業行動では人為的要素の影響が大きく、原理や一般解の存在そのものが疑わしい。マーケティングに影響を与える人為的要素には、政治、宗教、信念、嗜好、思惑などのように制御が極めて困難なものが多い。も

のづくりのほんの一例のみを取り上げてマーケティングや技術戦略を議論する場合でも、現実には、その戦略の成否は、人為的要素や顕在・潜在を問わず周辺諸事情による影響を強く受けており、議論を収束させて一般解が得られるとは考え難い。

　以上のことは、製品や技術の開発フェーズには関係なく言えることであるが、開発フェーズが初期のアイデア段階やコンセプト段階である場合にはより深刻である。開発フェーズが後期の、製品仕様や製造技術がある程度確定しターゲット市場や設備投資の絞り込みができる段階では、技術的パラメータではなく、むしろ財務的パラメータを仮定して、DCF（Discounted Cash Flow）法などにより技術価値評価が可能になる。この場合には、一般解は無理でも特殊解を予測することが可能になる。しかし、開発フェーズが、アイデア段階やコンセプト段階である場合には、財務的パラメータの仮定そのものが難しく、したがって、技術価値評価ができず、特殊解を推測するためのデータを得ることすら困難になる。このことを、著者は、フィージビリティ・スタディ以前の研究開発を長年行ってきた経験から、痛感している。

　一般解が得られていない状況下で、技術戦略データベースや目利き力での劣勢を挽回するためには、結局、特殊解を欧米以上に速い速度で効率的に蓄積する手法を考える以外に方策はない。前述したように、近年、"MOT"が一種の流行語になったことから、その関連の書籍が数多く出版されており、ケーススタディやケースメソッドの講演会が頻繁に開催されている。したがって、自身の問題に合致する事例（特殊解）に出会うことを期待して、多くの書籍を読み講演会に参加することになる。

　しかし、タイムリーに自身の問題として真に共感できる事例に出会うことは極めて少ない。あるいは、過去に出会っていたとしても、忘れている場合が多い。例えば数年前に聞いた事例を今明瞭に思い返すことができれば、今抱えている問題に対する技術戦略策定には役立つのであるが、過去にその事例に出会っていることすら思い出せないことが多い。"忘却"は、我々が夥しい情報の中で生活していることと併せて、脳の記憶メカニズムがシナプス結合の可塑性に基づいていることから、避けることができない。したがって、"記憶"に

頼るのではなく、"記録"しておくことが必要である。

　一方、仮に、運良く共感できる事例にタイムリーに出会ったとしても、それは限られた視点での共鳴であって、現実にはその事例に対して、講演会や書籍では表現されていない隠れた視点、さらには、その講演会の講師や書籍の著者すらも認識できていない視点が、影響しているのが常である。この隠れた視点やまったく異なる視点の存在を知らずに、局所的な視点のみで技術戦略を策定することは危険である。

　以上のことから、今記憶している事例のみからではなく、過去に見聞きし今は忘れている事例も含めて、広範囲の視点から技術戦略を策定することが重要である。至極当然なことであるが、情報の渦の中で、この当然のことができていないのではないだろうか。今日では、拙速に結果を求めるあまり、自身の現時点の問題に合致しないからという理由で、せっかく時間を割いて入手した事例や情報をいたずらに捨ててしまい、ひたすら現時点の問題に合致する事例や情報を求めて膨大な時間を費やすという、人的資源の極めて"MOTTAINAI（もったいない）"使い方が常態化している。

　では、具体的に何をすれば良いであろうか。問題は、さまざまな特殊解を、相互にどのように関連付けるかである。といっても、関連付けが即座にできなくてもよい。知識として得た特殊解を、同じデータベース上に記録していければよい。無理に関連付けを急がなくても、特殊解が増えれば自ずと関連性が見えてくるはずである。まったくの異分野で関連性が皆無に見える特殊解どうしも、その間にもう1つの特殊解が内挿されたり、あるいは、異なる視点から見れば、忽然と関連性が浮かび上がる場合がある。また、関連づけは、必ずしも論理的なものとは限らない。意識して論理思考したものではなく、例えば、何かを"ふと"見た瞬間の「直感」や「閃き」による関連づけであってもよい。科学研究や技術開発の世界では、閃きによって画期的な発見やブレークスルーが成されてきたことは、過去の多くの例が示している。

　本書では、特殊解という"一本道"を相互に関連付けるために、「技術エレメント（element）」と呼ぶ"ジャンクション"を設け、行き先とルートを決定するために"道路網"を広い視野で俯瞰するマップとして、「技術連鎖ベク

トル（VISTA：Vectors of Information, Sense, Technique, and Ability）マップ」を提案する（とは言っても、本来のベクトルとは表記方法が大分違っており、数学的には、むしろスカラーと言うべきかもしれないが）。これは、1つのデータベース構築手法である。そして、VISTA マップの考え方の中には、情報（Information）、技能（Technique）、人的・財務的能力（Ability）という論理的な視点と共に、感性（Sense）という非論理的な視点も導入している。左脳的思考のみでなく、右脳的思考も取り入れる。むしろ、この VISTA マップにより、新たな直感や閃きなどの感性が触発されることを期待している。この点で、従来の AI（人工知能）的データベースや経営工学などとは趣をまったく異にする。すなわち、VISTA マップの基本的な狙いは、論理思考や直感によって、新たな技術連鎖ベクトルの抽出や創出を支援するデータベースを提供することである。そして、最終的には、任意の市場や顧客から見たときの各技術エレメントの価値を指標化して比較評価することを目的にしている。

2008年1月

松居　祐一

連鎖思考による技術価値評価
―目利き（VISTA）マップ―

目　次

はじめに ………………………………………………………………… 1

第1章 なぜ、技術連鎖ベクトル（VISTA）マップなのか ……………… 11
1. なぜ、技術連鎖思考が必要か　11
2. なぜ、マップにするのか　13
3. 技術戦略とは　15
4. 戦術と戦略の違い　18
5. 戦術に頼り過ぎ　20
6. 地域文化の持続可能性と技術連鎖思考　23

第2章 技術連鎖ベクトル（VISTA）マップとは ……………………… 26
1. 技術連鎖ベクトルマップによる戦略策定の適用範囲　26
2. 階層構造　28
3. 階層構造の不完全性　31
4. VISTAマップの基本的考え方　32
5. VISTAマップにおける技術エレメント　36

第3章 技術連鎖ベクトルの計算式 ……………………………………… 39
1. ベクトルの意味　39
2. ベクトルの大きさの算出とその表記方法　40
3. ベクトル要素の個数について　41
4. ベクトル要素の項目について　45

第4章 技術連鎖ベクトル要素 …………………………………………… 46
1. 技術連鎖ベクトル要素の種類　46
2. 情報（VISTAのI：Information）に関連した要素　47
3. 感性（VISTAのS：Sense）に関連した要素　75
4. 技能（VISTAのT：Technique）に関連した要素　90
5. 能力（VISTAのA：Ability）に関連した要素　96

6. 重み付け　*101*

第5章　技術連鎖ベクトル（VISTA）マップを用いた技術価値評価 …… *104*
　　1. 視点が違えば技術価値も違う　*104*
　　2. 分配価値　*106*
　　3. 技術価値評価　*108*

第6章　技術連鎖ベクトル（VISTA）マップを用いた技術戦略思考 …… *115*
　　1. 技術戦略思考ループ　*115*
　　2. 顧客ニーズから市場へ──「上位概念思考」の視点から　*117*
　　3. 市場から技術課題へ──「win-win思考」の視点から　*120*
　　4. 技術課題から自社技術へ　*126*
　　5. 自社技術から市場へ　*127*

第7章　技術連鎖ベクトル（VISTA）マップ活用のバリエーション …… *128*
　　1. 産官学連携によるデータベース　*128*
　　2. 知的財産権の価値評価　*132*
　　3. 異業種企業との技術提携　*132*
　　4. コンセンサス・マップ　*135*

第8章　まとめ ……………………………………………… *136*

おわりに ……………………………………………………… *138*

参考文献 ……………………………………………………… *141*

索　引 ………………………………………………………… *143*

第1章

なぜ、技術連鎖ベクトル（VISTA）マップなのか

1. なぜ、技術連鎖思考が必要か

　日本の企業にとって、その規模に関わらず、従来の事業構造や業務体制の変革の必要性が問われている。事業構造や業務体制の変革は、企業戦略の主要部分である技術戦略が策定されていることが前提であり、さらに、その技術戦略は、目先のニーズや根拠のない流行に乗ったものではなく、持続的な技術開発によって自社の強みを確立できるものが望まれる。そのためにはまず、自社技術を起点として最終市場や最終顧客に向けた技術の連続性（技術連鎖）を見通し、どの部分の連鎖が不連続あるいは弱いかを抽出する必要がある。

　一方、国家レベルでは、経済産業省知的財産政策室は、知財立国を実現する上で、「知的財産報告書」「知的資産経営報告書」の作成の重要性を強調している。さらに、近年は、金融機関を中心に、従来のような土地や建物のみを担保にした融資ではなく、知的財産や技術を担保にした融資の必要性が叫ばれている。金融機関や投資家が投資判断をするためには、知的財産や技術の評価が必要になるが、その拠り所の1つとして、知的財産情報開示指針（平成16年1月経済産業省）が出されている。それによると、企業は、表1-1に示す10項目について開示することが望ましいとされている。

　経済産業省は、「知的財産報告書」の意義について、企業"経営"の中で知的財産の位置づけを明確にするためのものであり、単なる企業の知的財産取得実績や知的財産部門の組織説明などの報告書ではないと説明している。すなわち、各企業自身が、自社の知的財産を市場や産業技術全体から見たときにどの

表 1-1　知的財産報告書の開示項目
（平成 16 年 1 月　経済産業省指針）

① 中核技術と事業モデル
② 研究開発セグメントと事業戦略の方向性
③ 研究開発セグメントと知的財産の概略
④ 技術の市場性、市場優位性の分析
⑤ 研究開発・知的財産組織図、研究開発協力・提携
⑥ 知的財産の取得・管理、営業秘密管理、技術流出防止に関する方針
⑦ ライセンス関連活動の事業への貢献
⑧ 特許群の事業への貢献
⑨ 知的財産ポートフォリオに対する方針
⑩ リスク対応情報

程度の価値があると判断し、その知的財産にどの程度のウェイト（weight）を置いているのかを、具体的に示すことであると理解できる。経営工学などでよく話題にされる SWOT（S＝strength：強み、W＝weakness：弱み、O＝opportunity：機会、T＝threat：脅威）分析に相当するが、従来の手法では、思考過程が偏ってしまう可能性が大きく、したがって、違う視点で見た場合には、必ずしも納得できる結果が得られるとは言い難い。その上、定量性に欠けるため、結果の表現が抽象的にならざるを得ず、不明瞭さが増す。より具体的で定量的な分析を行うためには、まず、自社技術が、最終市場、顧客や他の技術とどのように連鎖しているのかを広い範囲で俯瞰することが不可欠である。なぜなら、製品や技術の価値評価というものは、本来相対的なものであり、また、どの市場や応用技術から見て評価するか、さらに、市場規模、顧客の有無、知的財産、人的資産などの、どの要素にウェイトを置いて評価するかによって大きく変わり得るものである。したがって、このことを考慮しながら、自社技術が、産業技術の中でどのような位置にあるのかを、まず明確にするべきである。そのために必要になるのが、本書で提案する技術連鎖思考である。そして、客観的情報のみでなく主観的情報も含めたさまざまな要素を根拠にして、技術連鎖の有無や強さを定量化し、2 次元または 3 次元のマップにしたのが、次節以降で述べる「技術連鎖ベクトルマップ」である。これにより、技術指向や独自指向の強いベンチャー企業、中小企業、地域密着型企業にとっての

拠り所であるオンリーワン（only one）技術や独自製品の価値を、社員や取引先のみでなくステークホルダー（stakeholder）全体に対して、あるいは、単に知的財産報告書のみに限らず、定量的に開示することができる。

2. なぜ、マップにするのか

　技術連鎖思考を行う上で基礎となるのは、情報である。LeonardとSwapも、その著書[1]の中で言っているように、我々が独自に思考して獲得したと思っているものも、実際には、既に得ている情報に基づいている場合が多い。まして情報過多の時代、IT化された時代にあって、我々はさまざまな情報を容易に入手できる。問題は、情報の処理の仕方である。これまでに入手した情報の内のどれだけを、今、明瞭に思い起こすことができるであろうか？　著者の場合、1年以上前に得た情報の内、当時の仕事や興味に直接繋がらなかった内容については、今ではほとんど記憶に留めていない。さらに愕然とすることは、その記憶に留めていない情報の方が、圧倒的に多いことである。忘れ去った大量の情報が、もしかすると、現在抱えている新たな課題に対する有益な解の抽出や閃きの創出をもたらしてくれたかもしれない。一方で、人間の記憶力を補うパソコンの性能進化は著しいものがある。IT化の重要性がさまざまな分野で唱えられ、インターネットなどのインフラ整備が進んだ現在では、パソコンの抜群の記憶力は、情報過多とも言えるぐらいに大量の情報を人間に代わって維持してくれている〔ここで言う「記憶」は、脳科学などで定義されている「記憶とは記銘（覚える）、保持（保存する）、想起（思い出す）を合わせたもの」に従えば、記銘、保持に相当する〕。しかし、問題は、単に情報の記憶力のみではなく、情報の処理の仕方にある。情報に基づいて経営戦略や技術戦略上の解の抽出や閃きの創出をするのは、パソコンではなく人の頭脳である。なぜなら、経営戦略や技術戦略上の課題は、市場データなどの客観的な要素のみでなく、思惑や信念など主観的な要素にも強く依存しているためである。将来は情報処理工学の進展により、抽出や創出さえもパソコンで可能にな

るかもしれないが（現に、感性データーの解析など、その種の研究も活発に行われている）、現状では、人間に取って代わるほどの実力はない。経営戦略や技術戦略に主観的要素が入ってくる以上、客観的要素と融合させて取るべき戦略や進むべき道筋の抽出や創出を行う能力、いわゆる"目利き"能力をパソコンに期待することには、まだまだ問題が多く、最終的には人間の脳が行わざるを得ない。したがって、人間が目利き能力を発揮しやすいように、パソコンが記憶している膨大な情報に対して、どのような処理を行い、どのような形で表示すべきかを考える必要がある。

　本書では、パソコンに記憶されている情報も含めて、その多くが文章で表現されている膨大な情報から、情報の骨格を成すキーワードを「技術エレメント（element）」として抜き出し、文章の持っている論理性を技術エレメント間の「技術連鎖」という形で表現し、さらに、客観的要素と主観的要素を融合させた「技術連鎖ベクトル（VISTA：Vectors of Information, Sense, Technique and Ability）」という概念を導入して、技術連鎖の強さの度合いを表現する。そして、最終的には情報を、技術エレメントが技術連鎖ベクトルで繋がった「VISTA マップ（vista：予想、展望）」の形にして、"視覚的に"表示する。

　人間が他の動物と異なる"人間特有の記憶"と言われるワーキングメモリーの機能を有する前頭連合野では、脳内に分割して記銘、保持されている情報を集めて組み合わせ、あるいは再度分割しながら、情報に基づいて"目利き"を行う。日本学術会議おもしろ情報館のホームページ[2]の表現を借りれば、「その働きがまるで黒板にいろいろな情報を書き並べて作業しているようなので、心の黒板とも呼ばれる」ということになる。また、人は、情報の 80% 近くを視覚で得ていると言われている。以上のことから、本書では、前頭連合野という脳内にある黒板への書き写しが容易になるような形に情報を処理して、視覚に訴えやすい形で表示することを目的にしている。すなわち、脳内の"黒板"にさまざまな技術エレメントを書き並べ、これらを技術連鎖ベクトルで繋ぎ合わせて、最終的に、VISTA マップという視覚的に俯瞰しやすい情報に統合する手法について述べる。

3. 技術戦略とは

　前節で述べたように、VISTAマップの基本目標は、"戦略"を策定するための視覚的データベースの構築である。VISTAマップの説明に入る前に、まず、"戦略"の定義を明確にしておかなければならない。Barneyがその著書[3]の中で、さまざまな「戦略」に関する定義の例をまとめているので、Barney自身による定義も含めて以下に示す。

- 「戦争の全体計画、個別の活動方針、およびそれらの中での個別具体的行動計画」(Von Clausewitz, 1976年)
- 「そのプレーヤーが、すべての可能な状況の下でどのような選択肢を選ぶかについて明示する包括的計画」(Von Neumann and Morgenstern, 1944年)
- 「長期的視野に立って企業の目的と目標を決定すること、および、その目的を達成するために必要な行動オプションの採択と資源配分」(Chandler, 1962年)
- 「①組織の基本的ミッション、目的、目標の策定、②それらを達成するための政策と行動計画、③それらの組織目標を達成するために戦略が実行されることを担保する方法論」(Steiner and Miner, 1977年)
- 「企業の基本的目標が達成されることを確実にするために、デザインされた包括的かつ統合されたプラン」(Glueck, 1980年)
- 「無数の行動と意思決定の中に見いだされるパターン」(Mintzberg and McHugh, 1985年)
- 「組織の目標を達成するための方法」(Hatten, 1988年)
- 「組織の意図された目的を満たすために策定された計画ととられた行動」(Miller and Dess, 1933年)
- 「コア・コンピタンスを活用し、競争優位を獲得するために設計された、統合かつ調整された複数のコミットメントと行動」(Hitt, Ireland, and

Hoskisson, 1997 年）

・「いかに競争に成功するか、ということに関して１企業が持つ理論」（Barney, 2002 年）

　本書では技術戦略を、「VISTA マップに基づく技術価値を最大化する技術連鎖を抽出または創出すること」と定義する。「VISTA マップに基づく技術価値を最大化する技術連鎖」とは、「着目する技術エレメント（単一技術や製品など）をどの最終市場や最終顧客に連鎖させれば、当該技術エレメントの価値（その連鎖の実現可能性）が最も大きくなるか」ということである。

　Von Clausewitz の言う「個別の活動方針や個別具体的行動計画」や Steiner and Miner により階層化された「ミッション、目的、目標」の内の「目標」は、"戦略"ではなく"戦術"とみなし、本書では言及しない。また、「すべての可能な状況の下でどのような選択肢を選ぶか」（Von Neumann and Morgenstern）については、「すべての可能な状況」を「視覚的に俯瞰しやすく表示された VISTA マップの全体」と捉え、「どのような選択肢を選ぶか」の基準を「VISTA マップ上での技術価値」に置く。さらに、Chandler や Steiner and Miner の定義にある「企業目的の策定」は、本書では、「技術価値を最大化する技術連鎖の抽出または創出」であると置き換える。Mintzberg and McHugh の言う「無数の行動と意思決定の中に見いだされるパターン」に対しては、「無数の行動と意思決定」の累積を視覚的に記述するのが VISTA マップであると言える。しかし、本書では、必ずしもパターンを見いだすことを期待しているわけではない。そもそも、技術戦略や企業戦略において一般的なパターン（一般解）のようなものが存在するのかどうかも現状では分からない。したがって、本書では、VISTA マップが漸進的に拡張していった結果、そのようなパターンが見いだされるかも知れないという程度に留める。また、Hitt, Ireland, and Hoskisson の「コア・コンピタンスを活用し、競争優位を獲得するために設計された、統合かつ調整された複数のコミットメントと行動」と比較するには、まず、「コア・コンピタンス」についての理解が必要になる。「コア・コンピタンス（core competence）」は Gary Hamel & Coimbatore K.

Prahaladにより、「組織内の集団的学習であり、さまざまな生産技術を整理して複数の技術的な流れを統合したもの」と定義されている[4]。さらに、「コア・コンピタンスとは、関連性がないように見える事業領域を関連付けるための"共通項"であり、ある事業領域での思考や経験を、他の事業領域に展開するための"共通語"」とも定義されている。長期的な視点で戦略策定や分析を行う場合、製品やサービス、ビジネスユニットを単位で考えるよりも、コア・コンピタンスで考えた方が適しているとされる。上述の"共通項"や"共通語"は、VISTAマップで言うならば、第4章で述べるベクトル要素20個の中の"上位概念"に関連してくる。すなわち、(得意とする) 複数の技術に共通した上位概念が見つかれば、それは、コア・コンピタンスになり得る。

最後に、Barneyは、その著書[3]の中で、「戦略」について次のように述べている。

> 戦略を、「企業が考えた競争に成功するためのセオリー」であると定義すると、成功のためのセオリーを選択し実行することが常に不完全な情報と知識に基づいていることが強調される。つまり、ある企業が特定の業界や市場で事業を開始しようというとき、自社がどのように競争するかという意思決定は、その業界や市場の重要な経済プロセスに関する「その企業の」理解やそれを前提とした競争手段の有効性に関する「その企業の」精いっぱいの推量に基づいている、ということである。
> (Barney)

本書では、Barneyが言う「常に不完全な情報と知識に基づいている」ことの原因が、人の記憶能力の限界に起因した情報と知識の垂れ流しにあると考え、主観的、客観的な情報と知識をVISTAマップの形に蓄積していくことにより、「その企業の」精いっぱいの推量を、より高精度なものにすることが目的である。

4. 戦術と戦略の違い

　前節でも述べたが、本書は、技術"戦略"の策定を支援するためのデータベース構築手法と技術価値評価手法に関するものであり、技術"戦術"に関するものではない。"戦略（strategy）"と"戦術（tactics）"の相違について、広辞苑では以下のように記述されている。

戦略（strategy）：戦術より広範な作戦計画。各種の戦闘を総合し、戦争を全局的に運用する方法。転じて、政治社会運動などで、主要な敵とそれに対応すべき味方との配置を定めることをいう。
戦術（tactics）　：戦闘実行上の方策。一個の戦闘における戦闘力の使用法。一般に戦略に従属。転じて、ある目的を達成するための方法。

　すなわち、戦場（製造現場）から離れた所で参謀（企業経営者など）が集まり、勝利（利益）を獲得するために、報告されてきた多面的な情報（客観的あるいは主観的情報）に基づいて、どの地域（技術テーマ）にどれだけの師団（マンパワー）と軍備（設備）を投入（投資）するかを決めるのが、"戦略"である。これに対して、各地域に投入された師団の部隊長（工場長）が、その地域の地形や建物を自ら確認して得た情報（現場の状況）に基づいて、どこの岩陰や建物に部下を配置しどのような戦法を採用するか（どの工程と設備に何人配置して、どのような勤務体制を取るか）を決めるのが、"戦術"である。基本的に参謀は、全体を俯瞰的に眺めることができ、各師団に対して最も効率的な作戦や進路を指示できる。しかし、各地域で行われている個々の局地戦での具体的な戦法については、地形や武器の使用方法を熟知している部隊長に任せざるを得ない。一方、各部隊長は、目前の戦闘状況に関しては隅々まで把握でき、具体的戦法を即座に部下に指示することができる。しかし、目前の戦闘に勝っても、他の地域での状況はどうなのか、次にどう動けば良いのかについては、参謀の指示を仰がなければならない。

本書における技術"戦略"と技術"戦術"の相違は、上記相違をそのまま技術に当てはめたものと同じであり、技術"戦略"とは、外部環境（広辞苑の「主要な敵」に相当）と社内資源（対応すべき味方）との配置を定めることであり、技術"戦術"とは、個々の課題（一個の戦闘）に対する現場力（戦闘力）の使用方法ということになる。そして、これも広辞苑の定義と同様に、「技術"戦術"は技術"戦略"に従属」する。後述するように、本書ではこの従属関係を、「技術"戦術"（あるいは技術"戦術"を熟知している専門家）を自社に有しているか否かは、技術連鎖ベクトルの強さを決定するベクトル要素の１つである」という形で表現する。例えば、スープ製造業者が技術"戦略"を考えるとき、自社に"旨い"スープを作るノウハウや職人を既に有していれば、スープを作る技術の詳細（原材料や混合比、加熱温度など）は、技術"戦術"であると考えるべきである。すなわち、現在の市場や顧客（外部環境）が、どのような味を"旨い"と思うだろうかを考える技術"戦略"においては、自社のスープの味そのもの（社内資源）を知っていれば良く、その旨さ（個々の課題）を実現する詳細なレシピなどの"戦術"情報は、必ずしも必要ではない。「旨いスープ」という一くくりの技術エレメントとして扱い、内容はブラックボックス化しておくことができる。"戦略"策定の初期段階では、"戦術"の中味まで議論する必要はない。

　以上のことは、取り立てて言うまでもなく、我々は、情報に接したとき、その情報が自分にとって"戦術"情報なのか"戦略"情報なのかという識別を、無意識の内に行っている。人によって専門領域や役割が異なるため、同じ情報に接したとき、その識別の結果も異なる。上述したスープで言えば、例えば「外来魚のブルーギルやブラックバスを乾燥して出汁に使えば、旨いスープができた」という情報に接した場合に、旨さを追求するスープ職人にとっては、自分の専門と役割に極めて近い情報であることから、"戦術"情報であって"戦略"情報ではない。というのも、旨いスープか否かの見極め能力があるため、実際に試してみて、上記情報の信憑性をすぐに判定することが容易である。腕組みをして頭を悩ませているよりも、製造条件をいくつかの水準に分けて実際に試してみた方が、早く解決する。しかし、例えば、ブルーギルやブ

ラックバスが増え過ぎてニゴロ鮒の漁獲量が減り死活問題になっている琵琶湖周辺の鮒ずし製造業者にとっては[5]、上述した情報は"戦略"情報となる。もしも、ブルーギルやブラックバスがスープに常用されてこれらの捕獲量が増えることにより、逆に、絶滅危惧種に指定された[6]ニゴロ鮒の数が増大していくのであれば、従来からの鮒ずし事業にも"戦略"上の影響が現れるからである。スープそのものの事業をしている訳ではないので、上述した情報の信憑性をすぐに判定することはできないが、今後の"戦略"を策定する上の情報となる。同様のことは一般的に言うことができ、技術者や研究者が目の前の技術的専門課題を解決するために専門技術の学会誌を熟読している場合には、"戦略"的思考は働いていない。即座に役立ちそうな実験条件や技術的情報のみを探索している状況であり、市場や顧客のことまで俯瞰している状況ではない。多くの場合、自分の専門技術の学会誌を熟読している場合には、"戦術"情報を求めているのである。

　既述したように、本書で言う"戦略"とは、「VISTAマップに基づく技術価値を最大化する技術連鎖を抽出または創出すること」である。したがって、「抽出または創出」する余地がある限り、言い換えれば、技術連鎖の選択肢がある限り、そこに"戦略"は必要になる。しかし、技術連鎖の選択肢がなく、「抽出または創出」の余地がなくなれば、それは、もはや"戦術"を考えるべき段階に入ったとみなすべきである。

5. 戦術に頼り過ぎ

　これまで多くの学者により言い尽くされてきたように、日本における従来の製造業の多くは、製品や技術が売れるか否かの"マーケティング力"ではなく、個々の製品や技術の低コスト化、高性能化を目指して工程管理や品質保証などの"現場力"を重視してきた。しばしば言われるように、日本人は農耕民族であり、ゲルマン民族である欧米人のような狩猟民族的嗅覚に基づく独自の目標設定が、成され難い国民性である。独自の戦略が打ち出せないため、長ら

く業界単位で同じような進路を辿って来たのである。逆に、集団的作業としてのチームワークがものをいう現場力は、日本の国民性には馴染みやすかったと言える。その結果、マーケティング力などの"戦略"ではなく、現場力という"戦術"により抜群の成果を挙げてきたのである。その成功体験と"戦術"に長けた技術者軍団の存在が、現在もなお企業経営者に現場力頼みという考え方をさせている感が強い。高齢となった技術者の中には、かつての日本における高度経済成長時代の経験から、ものづくり現場における現場力、すなわち戦術の重要性を声高に主張する人達がいる。確かに重要ではあるが、その重要性の意味は、高度経済成長時代と現在とでは異なる。高度経済成長時代では、「欧米で発明された製品群を雛形にして、品質向上と低コスト化」を追求していた。すなわち、"戦略"マップ全体の俯瞰は欧米に任せて、ごく身近な工程改善やQC活動などの現場力が重視されてきた。その結果、"戦術"が極めて有効に作用し、抜群の現場力となって威力を発揮してきた。しかし、現在では、高度経済成長時代の日本の立場はBRICs（ブラジル、ロシア、インド、中国）などに取って代わられ、日本は何を作ってよいのか分からない状況に陥りつつある。「新たな何を作ればよいか」が分からなくなった今日の日本国内の"ものづくり"現場においては、抜群の現場力も宝の持ち腐れとなりつつある。しかも、当初は、既存製品の低コスト化という目的のために、日本や欧米から中国やインドなどに"ものづくり"現場が急速に移っていったが、当然予測できたように、日本や欧米の技術者が技術指導を行った結果、高性能、高品質という点でも、徐々に追い上げられているのが現状である。したがって、今の日本に必要なことは、「新たな何か」を考えることである。そのためには、"戦術"よりも、マーケティング力という"戦略"を優先するべきである。見通し精度の高い"戦略"があって初めて、"戦術"面での優位性が再び活かされるのである。"戦術"のみでは、今はまだ持ちこたえていても、いずれ限界がくる。日本の中小企業の多くは、得意の現場力により低コスト化と高品質化を行い必死の思いをして生き延びている。"戦略"を見直している余裕がない（あるいは、そもそも"戦略"を策定できる人材がいない）ために、得意の"戦術"にいつまでも頼ってしまう。この悪循環は、あたかも1万人の大部隊を前にした

百人の精鋭部隊が、"戦術"を駆使して何とか防御している状況と同じである。目前の大部隊と戦うのに精一杯であり、"戦略"云々を上層部に問う余裕すらない。何とか持ちこたえている百人の精鋭部隊も、早晩疲弊してしまうことになる。このことは、表1-2に示した中小企業経営者の意識調査結果[7]にも、明瞭に現れている。「他にない独自技術の開発」が必要であり、逆に、「徹底した低コスト化」は有効でないとする企業が圧倒的に多い。「他にない独自技術の開発」は、確かな"戦略"があって初めて着手し得るものである。したがって、今必要なことは、"戦術"よりも"戦略"を見直すことである。百人の精鋭部隊を疲弊させて失う前に、一旦撤退させることも"戦略"である。もっとも、現実には、撤退させて再度どこに投入するかの"戦略"が立てられていないので、今度は百人の精鋭部隊を遊ばせることになり、それならば、現状のままで、"戦術"が続く限り大部隊と戦わせているということなのかも知れないが。

表1-2 中小企業に対する今後の施策に関するアンケート結果[7]

アンケート項目	強さを求めるべきポイント	有効でないと思われる施策
他にない独自技術の開発	40.3	3.9
小規模ならではのニッチ分野の開発	19.9	4.4
顧客の要望や問題解決を先読みした積極的提案	12.7	4.1
顧客や受注先の要求に応じたきめ細かな対応	12.2	5.8
地域ネットワークなどに基づく他社との連携	8.0	8.3
徹底した低コスト化	1.1	50.3
特にない	0.3	8.8
分からない	0	3.0
その他	1.4	0.6

独自技術の開発で継続して成功する(利益を上げる)ためには、最終市場や最終顧客のニーズへ技術を連鎖させるための俯瞰的な技術"戦略"の策定が必要になるが、残念ながらこれまで"戦術"を重視してきた日本企業にとっては、"戦略"策定をできる人材が多くは育っていない。"戦略"策定に戸惑っている間に、BRICsやその後に控えているベトナムなどの国々に、低コスト化

という圧力を加えられることになってしまった。今後の日本における"ものづくり"産業の弱体化が懸念される要因は、単に若い技術者の気質ややる気などの意識の問題ではなく、日本の"ものづくり"現場を、低コスト化指向の技術開発中心という選択肢が少なく魅力の乏しい場所にした経営層の"戦略"の無さにある。若い技術者が、良いモノや良い技術の開発に成功しても、利益が出なければ会社は成功と認めず、いずれその技術開発を中断することになり、若い技術者にとって真の成功体験とはならない。"戦術"で成功して、"戦略"で失敗したことになる。第4節でも述べたように、"戦術"は、自分の専門と役割に極めて近い情報を扱い選択の余地が少ないことから、技術者1人で成功に導くことが可能であるが、"戦略"は、全体を俯瞰的に眺めて技術価値を最大化する技術連鎖を抽出または創出する必要があり、技術者1人に任せるには荷が重過ぎる。しかも、技術者に、"戦略"的思考の教育を施す程の経験やデータベースが、会社全体として整備されていないのが実情である。

　繰り返しになるが、現在の日本の企業に必要なことは、"戦術"ではなく"戦略"である。もちろん"戦術"も必要であるが、その意味は、VISTAマップの中に自社技術を埋め込むために、まず自社の得意な技術やコア・コンピタンス（すなわち、"戦術"）を明確にする上で最低限必要であるということである。もはや日本は、高度経済成長時代のように"戦術"のみを駆使して戦うフェーズにはない。フェーズが進んだ今、過去に重視された"戦術"ではなく、現在において不可欠な"戦略"の策定に本腰を入れるべきである。VISTAマップとそれに基づく技術価値評価は、そのための手法の1つである。

6. 地域文化の持続可能性と技術連鎖思考

　少し余談になるが、近年、企業の社会的責任（CSR：Corporate Social Responsibility）や大学の地域貢献について論じられることが多い。これらは、単発的な企業による社会への利益還元活動や大学による周辺地域へのボランティア活動ではなく、継続的に行われるべきものである。その意味で、持続

可能性（Sustainability）の考え方にも繋がるものである。持続可能性は、主に環境などを通した地球規模、人類全体への影響を論じることが多いが、語彙そのままの狭小な意味で考えれば、結局、win-winの関係に帰着する。例えば、地域貢献の講義の一環として、大学が、学生にボランティアで地域イベントの企画や運営などをさせた場合を想定してみよう。ボランティアであるから、大学や学生には報酬は支払われない。その結果、地域からは感謝されるであろうが、これだけで終わってしまえば、果たして本当の地域貢献と言えるのであろうか。学生は、今後、実社会に出て生活費を稼がなければならない立場になったときのための、何を学んだことになるのであろうか。ボランティアは、自身が少なくとも生きていくだけの生活基盤を築いた者でなければ、"継続"できない。したがって、学生は、ボランティア精神と同時に、顧客が対価を支払ってでも依頼してくれるような企画や運営とは何かについて、学ぶべきである。無償行為としてのボランティアだけで終わるのではなく、それを継続するためにもう一歩進んだ企画や運営に対しての経済的価値の考察を行っておくべきである。無償だから地域から感謝されたのであって、対価を請求するのであれば感謝どころか不満や苦情が生じていたかもしれないのである。無償と有償とのギャップは大きい。学生自身が社会に出たときに、このギャップに悩んで押し潰されないようにするために、技術連鎖思考は有益である。例えば介護活動をする場合でも、要介護者の精神的な満足感を損なうことなく、かつ、事業として成り立つように効率的な介護を行うためには、どのような介護技術や介護用品あるいはコミュニケーション手法を開発すればよいかを、考察することが必要である。精神的満足の評価というものは主観的要素が強いため、なおさら、介護者一個人の頭の中にある思考マップにのみ留めておくのではなく、視覚化して他の介護者との共有マップを作成し、俯瞰的にマップを眺めながら連鎖思考を行い、介護の効率化に向けた技術戦略を策定しなければならない。特に、第4章で述べるwin-win思考が重要になる。技術開発を行えば行うほど、対価を貰う側も支払う側もより一層満足できるような事業モデルや技術領域の抽出・創出が必要である。このことは、介護事業を持続させていくためのみではなく、一般に、企業が存続していく（going concern）ためにも、必

要な考え方である。win-win 思考の事業戦略が策定できれば、常に後発の国々や企業よりも技術的に先んじた高機能製品を製造する工場が継続的に利益を上げることができ、その結果、製造工場の海外進出に伴う産業空洞化の問題や地場産業、中小企業衰退の問題が回避できる。このことは、さらに、日本国内における地域文化の活性化にも繋がる。というのは、海外での現地生産により日本からの製造工場の流出が今後も続くと、日本国内の企業の役割は、商品企画や開発など一部の知識集約的な工程のみになる。一方、町御輿や祭りなどの地域文化は、地域に根ざした地場産業や中小企業の工場労働者や商店街が活性化されて成立するものであり、個人の才能のみが重視される知識集約的な社会には、本来そぐわない。工場労働者が、安定した生活基盤を確保できずに1つの地域に腰を据えることができない社会では、地域への帰属意識が薄れ、地域行事への思い入れも薄れ、やがて地域文化も衰退する。

第2章
技術連鎖ベクトル（VISTA）マップとは

1. 技術連鎖ベクトルマップによる戦略策定の適用範囲

　定量的な議論を展開する場合には、その適用範囲をあらかじめ明確にしておく必要がある。そのため、事業化までの過程を、Boerの考え方に従って、アイデア抽出段階から初期事業化段階までの5段階に分けて図2-1に示す[8]。各段階の間には、それぞれ明確な境界があるわけではないが、結論から言えば、本書で述べるVISTAマップの適用範囲は、第3段階のフィージビリティ・スタディまでである。Boerによると、図2-1のアイデア抽出段階では、自社が「何をしたいのか？」という企業ビジョンの設定がなければならない。このビジョンの共有なくして、組織的な活動はあり得ない。このビジョンに沿うアイデア抽出ができるかどうかが、最初の課題である。また、「何ができるのか？」という、特徴抽出（得意技術や有力商品、社員の潜在能力や趣味など有形無形を問わない）も必要になる。コア・コンピタンスの抽出と言い換えても良い。2番目のコンセプト化段階では、アイデアの実験的・理論的な基礎検討を通して、主に技術知見のみに基づく製品の青写真あるいは技術形態を明確にする。このコンセプト化と3番目のフィージビリティ・スタディは、VISTAマップを構築する上での技術連鎖ベクトル思考の主要部分を占める。フィージビリティ・スタディ段階では、たとえ仮想的であっても、目的とする市場設定が前提になる。4番目の開発段階と5番目の初期事業化段階においては、目的とする市場は、もはや仮想的なものではなく、製品仕様や製造技術も明確化されてくる。その結果、財務的な仮定と予測が比較的容易になり、図2-1中に記

載したように、技術や知財に関する価値評価手法として既に提案されているものが使える。

本書全体を通して述べる技術連鎖ベクトル思考では、4番目の開発段階と5番目の初期事業化段階を適用対象範囲に含めない。その理由は以下の通りである。開発段階と初期事業化段階では、製品仕様、製造技術、ターゲット市場等が比較的明確化しており、技術面よりも財務面での評価が中心になる。したがって、評価結果によって、損益分岐点の目標設定や投資額などの修正は可能であるが、製品仕様や製造技術を根本から見直してやり直すべき段階は過ぎている。例えば、図2-1中に、開発段階と初期事業化段階での技術価値評価手法として例示した割引キャッシュフロー（DCF：Discounted Cash Flow）法では、適当な一定の割引率（資本機会コスト）を仮定して、将来の予想キャッシュフローを正味現在価値に換算して技術評価を行っているが、修正や調整ができるパラメータは、「将来とは何年後か」「初期投資はどれだけ必要か」「他のどの投資機会を基準にした割引率か」など財務的なものである。したがって、図2-1のフィージビリティ・スタディ以降、すなわち、製品仕様や製造技術がある程度確定し、ターゲット市場や設備投資の絞り込みができている段階では、

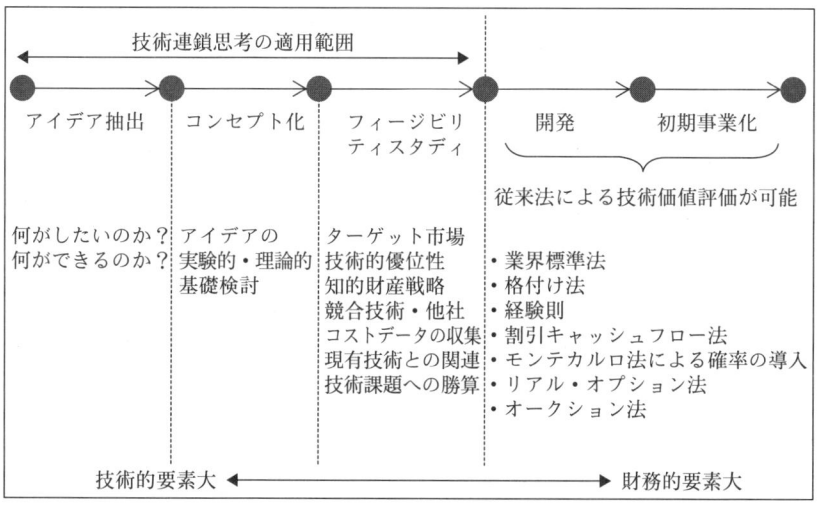

図2-1　事業化までの過程

DCF 法による技術価値評価は意味を成すが、フィージビリティ・スタディ以前の段階については、DCF 法の適用が困難である。特に、部分技術や部品、素材など、最終市場や最終製品から遠い事業に特化している中小企業や下請け企業において、アイデア抽出段階やコンセプト化段階での評価に適用することはより一層困難になる。以上のことから、フィージビリティ・スタディ以前の段階にある技術の価値評価を行うためには、最終市場や最終顧客までの技術連鎖をまず見通すという作業が必要になる。逆に、フィージビリティ・スタディ以降の開発段階、初期事業化段階では、最終市場や最終顧客までの技術連鎖を見通すという作業はもはや必要でなく、技術連鎖ベクトル思考による評価ではなく、上述した財務指標からの価値評価を行うべきである。

2. 階層構造

阿部は、その著書[9]の中で、人と人との間で意志疎通をするときには、相手に伝えようとする内容を階層構造にしてトップダウン方式で伝えることが必要であると言っている。この表現を借りると、VISTA マップでは、階層構造もトップダウン方式も、ともに不完全なものから開始することになる。"不完全"という意味は、階層構造が必ずしも最終的な形ではなく、階層の分割余地を残しているということである。階層分割が不完全であるので、トップダウンの形も不完全なものになる。

例えば、新聞のように不特定多数の読者を対象にした情報では、比較的抽象化した用語を用いている場合が多く、このような情報から VISTA マップを作成すれば、上位概念（上部階層）に属する技術エレメントが多いマップになる。一方、専門的な学術論文誌などから得られる情報では、細分化された厳密な専門用語を用いている場合が多く、このような情報から VISTA マップを作成すれば、下位概念（下部階層）に属する技術エレメントが多いマップになる。VISTA マップを作成する際にどのレベルの技術エレメントを抽出するかについては、抽出する人の専門レベルや接した情報の詳細度によって異なるた

め、VISTAマップ全体を眺めたときには、さまざまな分割レベルに属する技術エレメントが混在することになる。さらに、比較的上位階層に属する技術エレメントは、新たな詳細情報を入手したり、または戦略策定の議論が進むに従って、より下部階層の技術エレメントに分割されていくことになる。図2-2は、日常的な情報源の1つである新聞の記事内容から、技術エレメントを抽出し階層構造を構成した例である。その元となった新聞記事の内容は、以下の通りである。[10]

> ……もみ殻からアモルファス（非晶質）シリカを取り出す技術を開発した。焼却前にもみ殻に特殊な処理を施すことで、含まれている不純物を除去する。得られるシリカは、99%以上の高純度で、もみ殻から重量比で4%のシリカが得られる。シリカはタイヤの充てん剤としてグリップの向上やコンクリートの強度向上などに用途がある。今後は、エンドユーザーを開拓し実用化を進める。
> 　海外ではもみ殻を焼却し、発電に利用する火力発電事業がタイでスタートしている。もみ殻火力発電でも、もみ殻を前処理すれば高純度のシリカが得られる。東南アジアでは稲作を行う国があり、開発した技術がもみ殻の発電利用だけでなく、シリカの取り出しに生かせる可能性がある。
> 　国内での実用化にあたっては、効率的なもみ殻回収の仕組みなどが課題となる。焼却だけでなく、そこから得られる高純度シリカの販売による利益配分などの仕組みを作れば、実現に繋がる可能性がある。
> 　シリカはわらからも得られるが、不純物となる土の混入を防ぐため刈り取りの位置をやや高くする必要がある。……

図2-2（a）では、上記新聞記事の中にあるキーワードをそのまま技術エレメントとして用い、記事内容にしたがって関連のある技術エレメント間を線で結んである（ここでは、まだベクトルではなく線で結んでいるだけであるため、VISTAマップとは言えない）。しかし、シリカについての専門知識を有している技術者であれば、新聞記事の中の「99%以上の高純度」という点に着目し、図2-2（b）のような階層構造を描くかも知れない。すなわち、図2-2（b）では、図2-2（a）の「シリカ」「処理技術」の技術エレメントが、それぞれ「高純度（＞99%）シリカ」、「低純度シリカ」と「高純度処理技術」、「低純度処理技術」という下位概念（下部階層）に分割されている。したがって、

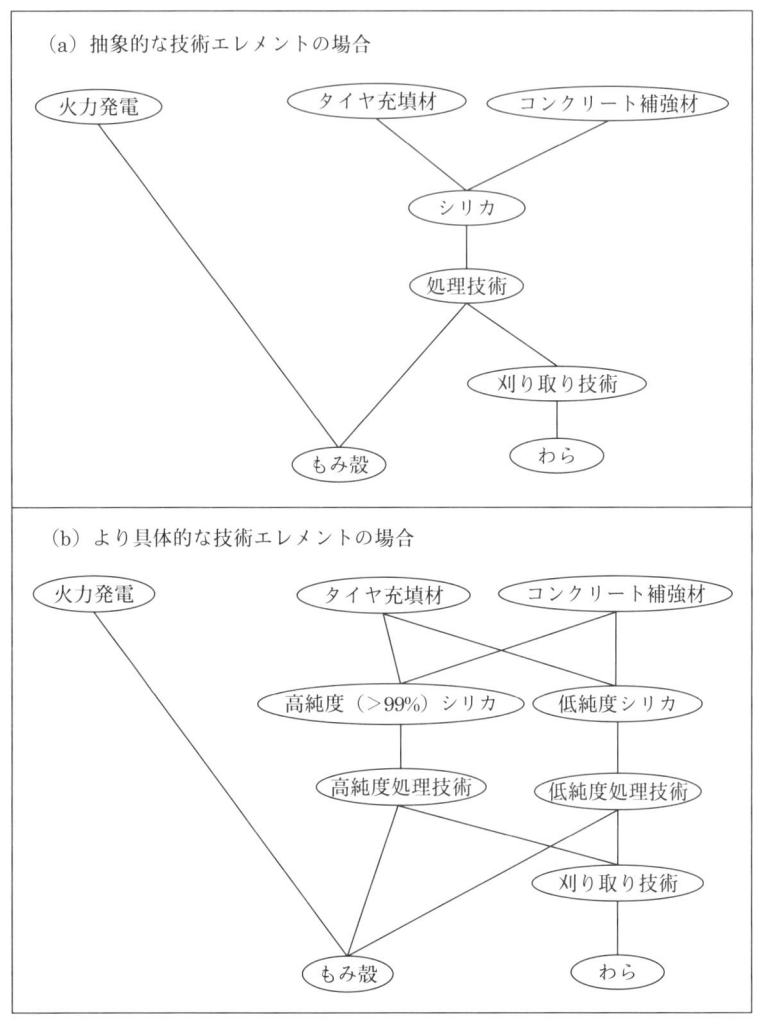

図2-2　技術マップにおける階層構造の相違
(a): 技術エレメント分割前、(b): 技術エレメント分割後

図2-2 (a) の階層構造は、図2-2 (b) に比べると"不完全"であると言える。このようなことは、従来から存在するあらゆる技術マップや連関図などにおいて言えることであり、マップを作成する側も見る側も、暗黙の内にこの不完全性を許容し合って、同レベルの階層構造で議論しているのである。そして、議

論が進んで、マップ内のある部分に焦点が置かれるようになると、その部分での階層構造をより詳細に（より下位の概念に）分割する必要が生じる。そして、最終的に、技術エレメントが既述した"戦術"とみなすべき階層にまで分割された状態になれば、少なくともその分野については、マップの階層構造とトップダウン方式が、厳密な意味で完成したと言える。

3. 階層構造の不完全性

　本書で述べる VISTA マップは、前節で述べたように、初期の段階では、既存の技術マップや技術系統図などと同様、階層構造とそのトップダウン配列に不完全性を有している。だからと言って、技術戦略の策定を、この不完全性がなくなるまで待つ必要はまったくない。　企業などで戦略策定をする際には、まず企業理念に基づく長期計画があり、さらに、その長期計画に基づいて単年度計画が練られ、部署ごとに分担が振り分けられる。すなわち、大局を把握して細部を詰めるのが定石である。一種のトップダウン配列の階層構造である。この場合、例えば、企業の経営層が、部署レベルの単年度計画が分からない（不完全性がある）という理由で、長期計画の策定をためらうことはない。最終的には、長期計画と部署レベルの単年度計画との間を何度か行き来してお互いに修正を加えながら決定されるが、最初は、上述したように、不完全性を許容して長期計画が策定される。この最初の長期計画の策定は、後で修正されるのであるからいい加減でよいかと言うと、まったくそうではない。最初の長期計画は、初期値として、その後の何度かの修正サイクルの収束値に対して絶大な影響を及ぼすのである。これは、生物の神経回路を模倣したニューラルネットワークの数理計算で、初期値の与え方によってエネルギー関数の極小値（local minimum）の現れ方が大きく異なることと似ている。

　VISTA マップでも同様のことが言える。現状の VISTA マップの階層構造とそのトップダウン配列の細部には不完全性があることを許容して、戦略策定を進めていく。まずは、マップの大局を俯瞰的に眺めることが重要である。これ

により、初期値としての戦略を誤らないように策定することが、その後、より詳細な戦略や戦術に階層的に細分化していく上で、決定的に重要である。この初期値を精度よく選択するためには、選択の自由度に最初から制限を設けずに、選択肢を広くしておくことが不可欠である。初期値の選択肢が広いことは、広範囲の情報を所有することと同義であり、細部の不完全性にとらわれる必要はない。道路に例えるなら、主要道路網をまず把握することが先決であり、最初から裏道や近道を気にする必要はない。まず自動車で行き得る目的地を選別してから、裏道や近道を調べればよい。

4. VISTA マップの基本的考え方

　一般に、技術マップや技術系統図などと呼ばれるものが、さまざまな分野で見られる。しかし、これらは、"関連"の深い技術エレメント間を線で結んだに過ぎないものが多く、しかも、特定の視点（競合技術、文献情報など）に限定されている場合が多い。そして、そのマップに描かれている"関連"自体は、企業の個別事情に依らない客観的なものである。これに対して、本書で提案するVISTAマップは、技術エレメント間の特定の視点に基づく単なる"関連"ではなく、多岐にわたる視点に基づく"連鎖"の強弱をも取り入れたものである。"関連"と"連鎖"という語彙は、遺伝子マップなどの研究で、「関連研究」「連鎖研究」というように厳密な使い分けがされている。"関連"とは、隣接する程の局所的な関係を対象としているのに対して、"連鎖"とは、多くの関連全体を対象としている。同様に、VISTAマップでの技術連鎖とは、多くの市場や技術分野における"一連の関連全体"を対象にしている。また、最終的に得られるVISTAマップは、企業の個別事情に依存して異なり、その企業固有のものであって他企業には当てはまらない。すなわち、従来の技術マップが、ある1つの客観的情報（特許情報や文献情報など）のみに基づいているのに対して、VISTAマップは多くの視点に基づいており、さらに、第4章で述べるように、客観的情報のみでなく主観的情報や感性情報をも含んだマップで

ある。企業の主観や感性をも考慮した戦略であるから、各企業固有のものであり、他企業に当てはまらないのは当然である。以上の点で、VISTAマップは、従来の技術マップ等とは本質的に異なるものである。

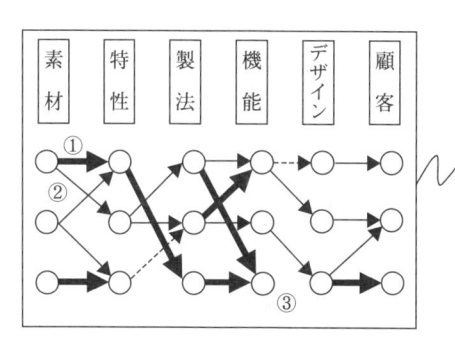

図2-3　VISTAマップの概念図

図2-3に、VISTAマップの概念図を示す。例えば、素材→特性→製法→機能→デザイン→顧客という一連の開発において、各開発項目における技術エレメントを○で表し、各技術エレメント間の連鎖の強さを、ベクトルの長さではなく太さで表す（第3章で述べるように、この点で、数学上のベクトルとは表示方法が異なる）。このベクトルを「技術連鎖ベクトル」と呼ぶことにする。この技術連鎖ベクトルを決定するベクトル要素として、本書では20個を考え（図2-3中に示したのはその一部）、個々については第4章で述べる。したがって、本書の技術連鎖ベクトルは、基本的には20個の要素で構成される20次元ベクトルである。図2-3のVISTAマップが得られた場合、例えば、以下に示すような技術戦略が描ける。

・図2-3中①の素材の開発は、それにより材料特性がたとえ向上したとしても、事業として成功しない。なぜなら、最終顧客までの技術連鎖が完結していないためである。したがって、①の素材特性は、とりあえず知的財産として権利化しておくに止める。

- ②の素材の開発は、特性から見れば、①に比べて重要性が低いように見えるが、技術連鎖を考えると、①の特性開発よりも重要である。なぜならば、②の素材開発は、最終顧客までの技術連鎖が完結している。

- ③の機能を生かしたデザイン開発を最優先で行うべきである。なぜなら、もしも開発に成功すれば、①の特性から顧客までの太い技術連鎖が完結する。

　①のような例は、新技術として言葉だけが先行しているプロジェクトに多い。すなわち、世間や学会で新技術として活発に研究されているため、自分たちも参入しなければならないという一種の強迫観念が生じ、技術連鎖が完結しているか否かを確認せずに、開発を始めてしまう場合である。もっとも、この種のプロジェクトでは、公的助成金が付く場合が多いので、その助成金の獲得が目的である場合や、最先端技術に従業員を駆り立てて意欲向上を図るという目的がある場合では、参入することが正当化されることもある。ただし、その場合でも、他の技術エレメントに向かっての技術連鎖ベクトルが新たに派生するという展望や、後述するコスト優位性や熱意、経験などのベクトル要素の指標値が大きくなりベクトルの強さ（太さ）が増大することにより、最終顧客への技術連鎖が完結するという展望が根底になければならない。たとえ、一時的に助成金が獲得できても、何の展望もない研究開発であれば、その間の時間的ロスとその研究に従事した技術者のその後の処遇が、やがて大きな問題になる。

　また、③の非連鎖部分については、このような非連鎖部分を抽出すること自体が"目利き"の１つであるが、さらに、「これを連鎖させることができるか？」「連鎖させるためのベクトル要素は何か？」「迂回できる連鎖があるか？」などを判断する必要があり、これらすべてをまとめて"目利き"と称している。この目利きを行うためには、豊富な経験や知識に基づいた直感や閃きが重要な要素になることは、特に、技術開発に関しては、過去の多くの事例が示している。失敗や偶然による現象、あるいは一見無関係の現象や知識から、直感や閃きが忽然とわき起こるのであるが、そのためには、それまでに蓄積し

た豊富な経験と知識が不可欠である。この蓄積された経験と知識が備わっていなければ、直感や閃きのトリガー（trigger）となる現象や知見に遭遇しても、ただ見過ごすだけである。すなわち、直感や閃きに優れた科学者や技術者の頭脳には、図 2-3 で示したような VISTA マップが、その規模の大小は別にして既にできあがっているものと思われる。

　直感や閃きの影響は、アイデアや技術シーズ（seeds）を創出する過程で、特に大きい。したがって、図 2-1 で述べたように、本章で対象としているフィージビリティ・スタディまでの段階においては避けて通れないものであり、逆に、フィージビリティ・スタディ以降の開発や初期事業化の段階においては、技術的要素よりも財務的要素の方が大きくなるため、その影響は小さくなり、あるいは排除されるべきものになる。上述した通り、従来、フィージビリティ・スタディまでの段階において、直感や閃きが多大な影響を与えていくつもの成功事例を誘発してきたが、今日、このことが容易ではなくなりつつある。その理由として、顧客ニーズの多様化と技術分野の細分化が挙げられる。近年では顧客ニーズが多様化しており、それから抽出される技術課題も末広がりに多様化してしまう。一方、科学技術の進展により、それぞれの技術がより高度化したために、自ずと開発の分担が行われ、技術分野の細分化が生じた。その結果、今日では、顧客ニーズと技術とを連鎖させる選択肢が著しく増大し複雑化している。したがって、顧客ニーズと技術間の見通しが一義的ではなくなる。その上、各技術者は、従来に比べて分担する専門領域に特化せざるを得なくなっており、その分担領域の外を見通すための余力がなくなっている。したがって、見通しそのものが明確でなくなり、直感や閃きの影響する範囲が狭められている。このような状況においては、広い範囲の最終市場（顧客）と局所的な自社技術間の連鎖を俯瞰できる、VISTA マップのような視覚的データベースの構築が不可欠になる。

5. VISTAマップにおける技術エレメント

VISTAマップを作成するには、まず第2節で述べた階層構造を構成する技術エレメントを抽出する必要がある。そのためには、情報や事象を技術的に分割しなければならないが、その基本的な考え方は以下の通りである。

> 技術に対する性能評価が可能な範囲で、できる限り小さな単位の「技術エレメント」に分割する。

技術に対する性能評価が可能な範囲とは、例えば図2-4に示すように機械加工において、作業者がドリル加工と研磨加工とを掛け持ちしている場合を考えてみる。ドリル加工による結果である穴の寸法精度、ならびに、研磨加工の結果である仕上げ表面の粗さ精度は、いずれも技術的に評価が可能である。すなわち、ドリル加工や研磨加工という技術に対する性能評価が可能である。もちろん、材料や製品仕様などによっては、あえて評価する必要がない場合もあるが、実際に評価しているか否かではなく、評価が"可能"であれば技術エレメントとして採用するべきである。また、同じドリル加工や研磨加工でも工程をさらに細分化してそれぞれについて評価が可能な場合には、その細分化された各加工技術や研磨技術をそれぞれ技術エレメントとするべきである。

これに対して、作業者がドリル加工装置と研磨加工装置との間を行き来する移動行為は、技術的な評価が考え難い。移動時間や移動距離を測定し、装置の

```
ドリル加工            移動              研磨加工
(穴寸法精度)      (移動時間、距離)    (表面粗さ精度)
    ‖               ‖                 ‖
技術エレメント   技術的分割によるエレメントになり得ない。  技術エレメント
になり得る。    財務的な視点では重要なエレメントである。   になり得る。
```

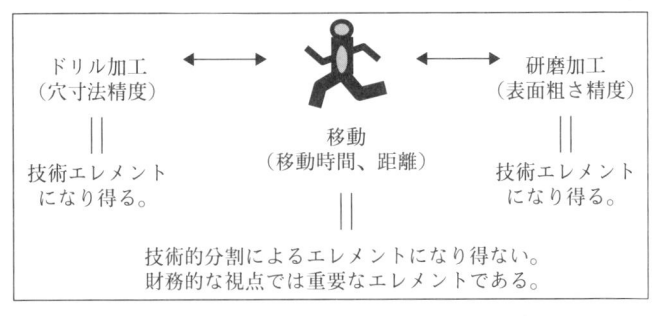

図2-4 技術エレメントの考え方

レイアウトを変更することによってこれらを短縮することは、生産効率改善という意味で"戦術"上は重要であるが、"戦略"上の重要な技術とは言えない。ドリル加工や研磨加工の技術を開発して精度向上することにより、これまでの最終製品や市場とは異なる新たな応用展開に繋がる可能性がある（現に、ドリル加工や研磨加工は、機械部品の加工に端を発してその精度向上により、それぞれ精密プリント配線基板や半導体ウェハの再利用という新たな応用を創出した。）のに対して、移動時間や移動距離を短縮することだけでは、新たな製品や市場を創出することは難しい。したがって、移動時間や移動距離を短縮するために行った改善項目は、本書では技術エレメントとして扱わない。ただし、上述したように、生産効率改善としての効果が期待でき、財務的な視点では重要なエレメントである。

　技術者は、新技術を目指すあまり、財務的に劣る技術エレメントを抱え込む傾向にあるのに対して、財務関係者は、資金の有効活用を目指すあまり、技術エレメント間の連鎖を考慮せずに、技術エレメントの財務的価値のみで評価してしまう傾向にある。ここで、技術の視点からの分割を「技術的分割」、財務の視点からの分割を「財務的分割」と呼ぶことにする。図2-4の例で言えば、ドリル加工や研磨加工は、技術的分割によって抽出した技術エレメントであるが、作業者の移動は、財務的分割によって抽出したエレメントであって、技術エレメントではない。技術的分割と財務的分割のどちらを優先するかは、自ずと明らかである。技術エレメント間の連鎖が初めから構築できなくなるような財務的分割は無意味であることから、常に技術的分割を優先する。これにより形成された各技術エレメントに対して、初めてコストの見積もり（財務的分割）が有意なものになる。

　技術的分割と財務的分割ができれば、理想的には、図2-5中のA1→C2→B3→C4で示すように、財務的に有利な現有の技術エレメントのみを連鎖させることにより、新たな事業を展開することも可能になる。このため、技術的分割では、できる限り小さな単位の技術エレメントに分割しておく必要がある。分割単位が大きくなると、図2-6に示すように、本来は財務的に有利なA1やC4が、A2やC3によってそれぞれ隠されてしまい、図2-5のような連鎖が見

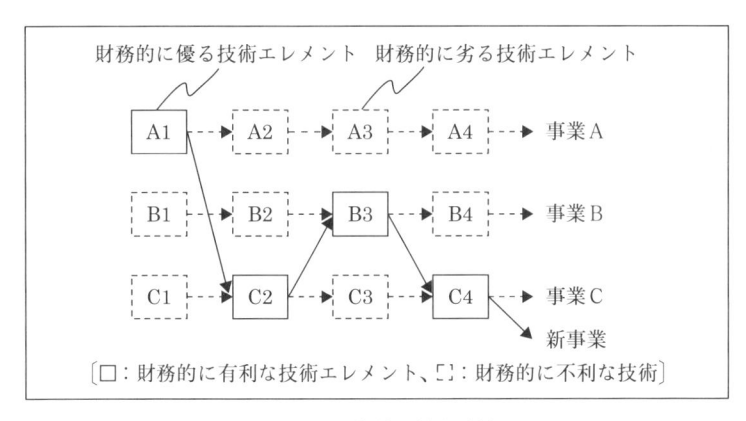

図2-5　理想的な技術連鎖

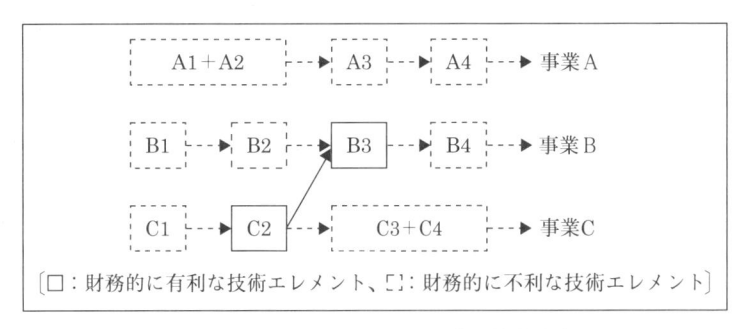

図2-6　粗い技術分割をした場合の技術連鎖

通せなくなる。

　また、小さな単位の技術エレメントに細分化することは、多くの技術エレメントを再認識することになり、自社技術の多様性の認識に繋がる。多様性を認識することは選択肢が広がることであり、市場や技術などの情勢変化に対する自己改革が容易になる。このことは、意思決定論などでよく知られている。また、自社技術を可能な限り細分化しておけば、図6-1で述べるように、自社技術と最終顧客（市場）とをVISTAマップ上で技術連鎖させることにより得られる、自社技術の価値評価精度が向上する。さらに、技術のブレークスルー（break-through）に繋がる直感を誘起させる確率が高くなることも、過去の多くの事例から言える。

第3章
技術連鎖ベクトルの計算式

1. ベクトルの意味

　技術連鎖ベクトルは、基本的には任意のn個の要素で構成されるn次元ベクトルである。本書では、第4章で述べる20個の要素を考える。この20個という要素の数と項目は、多分に数学的あるいはソフトウェアツール構築上の都合で決めたものであり、学術的見地から議論して決めたものではない（そもそも、学術的見地をもってしても、確定的に決められるのかは甚だ疑わしい）。したがって、本書で採用したベクトル要素の数と項目は修正し得るものであるが、その場合でも、VISTAマップが視覚的な表示を目的の1つとしている限り、本来はn次元である技術連鎖ベクトルを2次元空間である紙面上に写像しなければならないという要請は常に生じる。といっても、本書では、厳密に言えば20次元のベクトルを2次元空間に写像したのではなく、単に、"ベクトルの大きさ"というスカラー量を導き出し、そのスカラー量の表示方式を新たに考えて技術エレメント間を連鎖させている（したがって、本書で言うベクトルは、数学上のベクトルとは異なる）。少し持って回った表現になってしまったが、ベクトル量とスカラー量とを区別して表現すると以上のようになる。データ圧縮という表現を用いると、20個の互いに独立な（数学の場合とは異なり、本書で扱うベクトル要素は、相互に完全に独立な組み合わせではないが、可能な限り相互依存度が少ない組み合わせを選択することは可能である）データを、"ベクトルの大きさ"という1個のデータに圧縮することになる。3次元（時間も含めると4次元）空間で生きている人間にとって、20次元の情報を頭

の中で同時に考えようとすること自体、そもそも無理なのであって、紙媒体やフラットパネル上に情報を表現することができるような手法が必要になる。その試みが、VISTA マップである。

2. ベクトルの大きさの算出とその表記方法

VISTA マップでは、20 個のベクトル要素から成る技術連鎖ベクトルの大きさを、数学の例に習って下記の（1）式で算出する。

技術連鎖ベクトルの大きさ＝

$$\sqrt{\frac{(ベクトル要素①)^2+(ベクトル要素②)^2+\cdots+(ベクトル要素⑳)^2}{20}} \quad (1)$$

ただし、右辺の根号内における分母の 20 は、20 個すべてのベクトル要素の指標がそれぞれ最大値 10 である場合に取り得る技術連鎖ベクトルの大きさの最大値が、10 になるようにするためのものである。すなわち、技術連鎖ベクトルの大きさは、いかなる場合も 10 を超えることがないように規格化されている。この規格化以外は、数学におけるベクトルの大きさの算出式とまったく同じである。VISTA マップ上では、（1）式で算出した技術連鎖ベクトルの大きさを、2 つの技術エレメント間のベクトルの太さと色の濃淡で表す。数学では、ベクトルの大きさの表記は、長さで表し太さは同じであるのに対して、VISTA マップ上では、逆に、太さで表し長さは同じにする。その理由は、VISTA マップの目的の 1 つが視覚に訴えることであることから、紙面やディスプレイ上でマップが描画しやすいようにするためである。太さで表記するだけでなく色の濃淡を付加したことについても、マップを見た際に、ベクトルの大きさの差異が、太さだけで表記する場合に比べて、視覚的により一層認識しやすくなる。

3. ベクトル要素の個数について

　20個という要素の数は、第1節で述べた通り絶対的な根拠がある訳ではない。したがって、ベクトル要素の個数の影響を見ておく必要がある。図3-1は、前節の（1）式において、入力するベクトル要素の個数の変化に対してベクトルの大きさ（太さと色の濃淡）の変化を示したものである。ここでは、仮に各ベクトル要素の指標値が0か10のいずれかである場合に、指標値10のベクトル要素の数が増えていった際の、ベクトルの太さ（色の濃さ）が変化する様子を示してある。例えば、20個あるベクトル要素の内、1個のベクトル要素のみが指標値10で他のベクトル要素がすべて指標値0であるときには、ベクトルの太さ（色の濃さ）は2.23になる。指標値10の値を持つベクトル要素が2個になると、ベクトルの太さ（色の濃さ）は3.16になる。指標値10のベクトル要素が1個増えたことによって、ベクトルの太さ（色の濃さ）は0.93増えている。一方、19個のベクトル要素が指標値10で1個のベクトル要素のみが指標値0であるときには、ベクトルの太さ（色の濃さ）は9.75、すべてのベクトル要素が指標値10であるときには、ベクトルの太さ（色の濃さ）は最大値10になる。この場合には、指標値10のベクトル要素が1個増えたことによって、ベクトルの太さ（色の濃さ）は0.25しか増えていない。すなわち、入力するベクトル要素の数が増えるに従って、ベクトルの太さ（色の濃さ）の増加の割合が減少していく。言い換えれば、入力するベクトル要素の数が少ない場合（図3-1左側）と多い場合（図3-1右側）とで、ベクトル要素1個あたりのベクトルの太さ（濃さ）への寄与度が異なる。このように、VISTAマップ上では、ベクトル要素の個数がある程度まで多くなると、それ以降はベクトル要素の数が増えても視覚的には太さも色の濃淡も目立った差が現れなくなる。太さの比率で言えば、入力されたベクトル要素が19個から20個に増えると、ベクトルの太さは約1.03倍（10/9.75）になるだけであり、判別し難くなる。逆に、入力されたベクトル要素が1個から2個に増えると、ベクトルの太さは約1.42倍（3.16/2.23）になり、これだと太くなったことが見た目にも

分かる。このように、ベクトル要素の個数をむやみに多くしても、視覚的にはあまり意味がない。一方、ベクトル要素の個数を所定の個数以下にしたい場合は、後述する重み付けで調整することができる。以上の理由で、本書では、20個がおよそ妥当なベクトル要素の個数であると考えている。

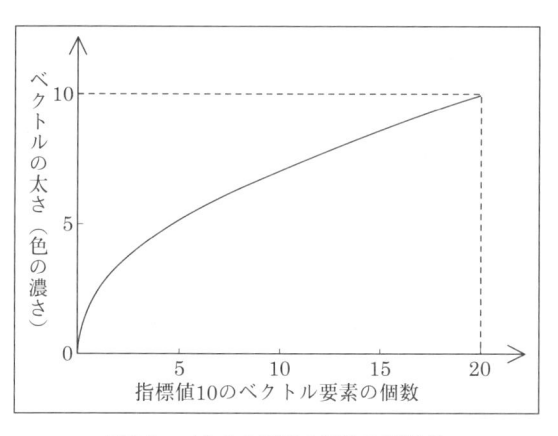

図3-1　ベクトル要素の個数の影響 ①

　技術戦略を策定する際に、図3-1で見るように、ベクトル要素を公平に扱っていない（相関が直線ではなく曲線になる）ことを、どのように考えればよいか。ここで、VISTAマップの目的をもう一度思い起こしてみる。VISTAマップの目的は、できる限り広い視野で産業技術分野を見渡しながら、狙うべき技術連鎖を抽出・創出し、技術価値評価を行うことである。また、VISTAマップは、日常的に接する情報や自分自身の感性で閃いたことなどに基づき、マップ上に次々と書き足していくことにより、広範囲、高精度なデータベースが徐々に構築されていくものである。したがって、VISTAマップを構築する最初の段階では、20個のベクトル要素の内、入力できるものは数個程度であろう。最初から20個のベクトル要素すべてを入力できる場合はほとんどないであろうし、そうしなければならない理由もない。当面は、その技術連鎖ベクトルを表記する時点で分かっているベクトル要素のみを、入力すればよい。その他のベクトル要素は、狙うべき技術領域が絞られていくに従って、入力していけばよい。ちょうど、インターネットなどの地図情報を利用して特定の建物を

パソコン画面に表示させる場合に似ている。最初に、世界地図が表示され、次に、国、都市、町が表示され、最後に目的の建物が表示される。例えば、神戸ポートタワーを表示させることを考えてみよう。世界地図が表示されている低倍率の段階では、見分けがつくのは国境程度であるが、日本、神戸市、メリケンパークと倍率を上げて場所を絞り込むに従って、やがて神戸ポートタワーを探し出すことができ、さらにはそこに行くまでの高速道路、バス道路、歩行者道路が順次識別できるようになる。これに対して、最初から最高倍率で、例えば、英国ロンドン市内のボンド通りを表示し、高倍率のままで神戸ポートタワーを探し出すのは、大変な時間と労力を必要とする。

　当初に入力できるベクトル要素がせいぜい数個ということであれば、この範囲内において、ベクトル要素の増減をより強調してベクトルの太さ（色の濃淡）に反映できる算出式を用いた方が、視覚的データベースとして好ましい。したがって、本書では、ベクトルの太さ（色の濃淡）の算出式として、(1) 式を採用している。もちろん、入力されたベクトル要素の数に関わらず、ベクトルの太さ（色の濃淡）に対する1個あたりのベクトル要素の寄与を均等にすることは容易である。例えば、ベクトルの太さ（色の濃淡）の算出式を、下記のように設定してみる。

技術連鎖ベクトルの大きさ＝
$$\frac{(ベクトル要素①)＋(ベクトル要素②)＋\cdots＋(ベクトル要素⑳)}{20} \quad (2)$$

　図3-1と同じ仮定の基に、上式を用いてベクトルの太さ（色の濃淡）とベクトル要素の数との関係を示すと、図3-2のようになる。図3-2の場合には、図3-1とは異なり、入力するベクトル要素の数が少ない場合（図3-2左側）と多い場合（図3-2右側）とで、ベクトル要素の数が1個増えた際のベクトルの太さ（色の濃淡）の増分は一定である。すなわち、ベクトル要素1個あたりのベクトルの太さ（色の濃淡）への寄与度が同じになる。ベクトルの太さ（色の濃淡）は、（入力がないベクトル要素はすべて0とすると）入力されたベクトル要素が1個であるときには0.50であり、ベクトル要素が2個になると1.00に

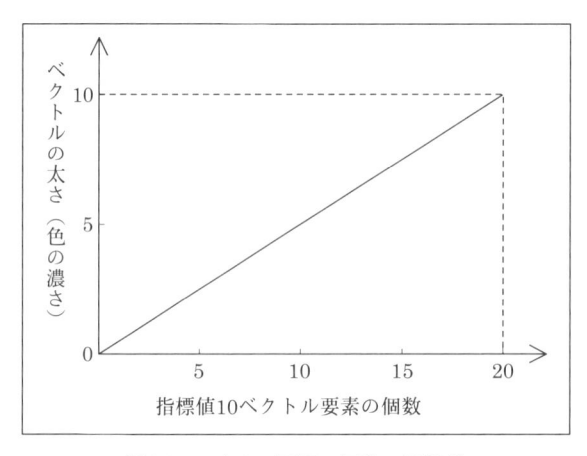

図3-2　ベクトル要素の個数の影響 ②

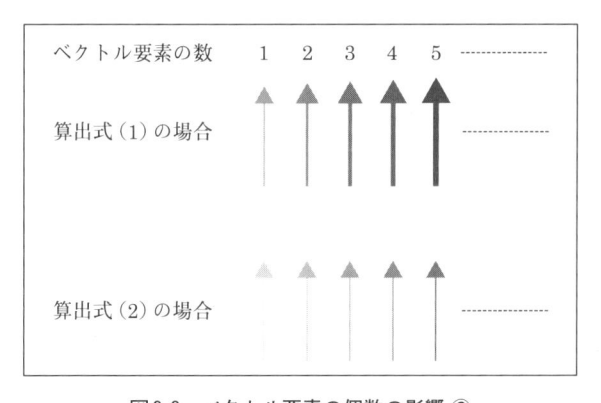

図3-3　ベクトル要素の個数の影響 ③

なる。ベクトル要素が1個増えたことによって、ベクトルの太さ（色の濃淡）は0.50増えている。一方、入力されたベクトル要素が19個のときには、ベクトルの太さ（色の濃淡）は9.50であり、20個になると最大値10になる。この場合も、ベクトル要素が1個増えたことによって、ベクトルの太さ（色の濃淡）は同じく0.50増えており、ベクトルの太さ（色の濃淡）に対する1個あたりのベクトル要素の寄与が均等になっている。ところが、入力されたベクトル要素が1個のときには、ベクトルの太さ（色の濃淡）は、最大値10に対してわずか5%である。すなわち、最大値と比較して、あまりにも小さ過ぎるた

め、ベクトルの太さ（色の濃淡）そのものが視覚的に判別し辛くなる。百聞は一見に如かず。このことを実際に、図3-3で比較して見てみよう。ベクトル要素の数が5までは、算出式（1）の場合の方がベクトルの違いを視覚的によく捉えることができる。VISTAマップは視覚データベースであり見やすさが本質的に重要であるため、算出式（1）を採用する。

4. ベクトル要素の項目について

技術連鎖ベクトル要素と後述する重み付けは、VISTAマップの中枢であり、これらの選択如何によって、技術戦略に大きな相違が現れる。ベクトル要素の項目は、対象とする技術領域によって異なる場合も考えられるが、要素を一度選択した後は常に共通化しておく必要がある。この意味では、ベクトル要素の個数が多いほど、汎用性の高い技術連鎖ベクトルとなり、共通化する上で都合がよくなる。しかし、第3節で述べた理由やプログラムの作成上、ベクトル要素の個数を制限する必要があり、本書では20個に設定している。仮に、20個のベクトル要素項目のいくつかが、VISTAマップのある技術領域では意味を持たない場合であっても、そのベクトル要素を省略するのではなく、要素の数値を0にして残しておくべきである。なぜなら、その要素がその領域で「意味を持たない」ことも、VISTAマップ全体を俯瞰して企業戦略を考える際には、「意味を持つ」からである。したがって、実質的には、技術連鎖ベクトル要素の項目の数と種類は、産業領域にはよらず常に同じにして、VISTAマップを作成していくことになる。

第4章
技術連鎖ベクトル要素

1. 技術連鎖ベクトル要素の種類

本書で採用した20個の技術連鎖ベクトルの一覧を、表4-1に示す。大別すると、情報（Information）、感性（Sense）、技能（Technique）、人的・財務的能力（Ability）の視点に分類できる。

表4-1 知的財産報告書の開示項目ベクトル要素の種類

		ベクトル要素	判断基準
情報	①	顧客ニーズ	当面のニーズの強さ（その技術をすぐに買う顧客がいるか）
	②	市場規模	金額ベースでの生産高（売上高）予測規模（単位：億円）
	③	参入余地（競合他社）	特許検索（単位：機関数）から一定の計算式で算出
	④	参入余地（競合技術）	特許検索（単位：件数）から一定の計算式で算出
	⑤	参入余地（環境・法規制）	環境対策、法規制などは参入にどのような影響を及ぼすか
	⑥	知的財産権	自社の知的財産権（単位：件数）
	⑦	文献（科学的根拠）	始点と終点をキーワードにした検索（単位：件数×機関数）
	⑧	win-win	始点と終点間でwin-win関係が成り立つか
	⑨	産学（産産）連携	連携により解決できそうか、あるいは、連携相手があるか
感性	⑩	経験	その技術あるいは関連技術分野に携わった経験があるか
	⑪	直感	その技術連鎖に対する直感と閃き
	⑫	上位概念	概念上の上位下位の関係にあるか
	⑬	類推	（帰納的）推論によって生じた連鎖であるか
技能	⑭	理論	理論（理論値、設計手法など）が分かっているか
	⑮	ノウハウ	単に経験があるだけではなく、ノウハウを有しているか
	⑯	専門性（職人技）	自分または社員がその技術の専門家であると言えるか
能力	⑰	熱意	専門家か否かに関わらず、熱意があり信頼できる者がいるか
	⑱	技術的コスト優位性	人件費、設備減価償却費、原材料費などで優位に立てるか
	⑲	質的優位性	質（非技術的なブランド力、伝統etc.）で優位に立てるか
	⑳	保有設備、体制	その技術連鎖を行うために必要な設備、体制の充実度

2. 情報（VISTAのI：Information）に関連した要素

　第2章4節で述べたように、従来の技術マップは、ある1つの視点から見た情報のみで構成されるマップであると言える。例えば、FIタームやシソーラスなどの分類に基づいて、技術エレメントのツリー構造を形成し、技術エレメントごとにキーワード検索結果（例えば、文献数など）が表示されている。このような従来の技術マップを利用する場合に懸念されることは、検索によるヒット件数のみを重視して内容に関する評価が成されない点である。ヒット件数のみを重視すると、根拠のない（最終市場や最終顧客までの連鎖が完結しているか否かの評価がない）"流行"に惑わされてしまう危険性が高くなる。なぜなら、検索によって得られた情報のすべてに目を通して情報の質を確認することは、人的・時間的に余裕のない中小企業にとっては極めて難しく、往々にしてその技術エレメントの技術価値を、情報"件数"という一面のみで評価してしまう傾向が強いためである。本書では、情報に関連したベクトル要素として、量的なもの以外に質的なものも含めて、以下に述べる9つの項目を採用している。

① 顧客ニーズ

　このベクトル要素は、例えばA→Bという技術連鎖ベクトルにおいて、技術エレメントBという製品や技術を扱う顧客が、技術エレメントAという製品や技術をどれだけ必要としているかを、10段階の指標値で表現したものである。顧客ニーズの指標値が10であるということは、その製品や技術を開発すればすぐに買ってくれる顧客が存在することを意味する。日常の営業活動や情報収集活動などを通して、確度の高い顧客ニーズ情報を得ることができる場合が多い。その中には、顧客側の都合による仕様変更や改良技術、あるいはクレームに近いものも含まれるであろう。顧客が新規事業に進出する場合には、これまでの製品や技術とはまったく関連のないニーズである場合も考えられる。いずれにしても、技術エレメントAという製品や技術を保有すれば、技術エレメン

表 4-2　ベクトル要素「顧客ニーズ」の指標化

顧客の有無	指標
有り	10
⋮	⋮
無し	0

トBを扱う顧客が、ほぼ確実に採用してくれると判断した場合には、表 4-2 に示すようにベクトル要素「顧客ニーズ」の指標値は最大値 10 とする。これに対して、顧客ニーズがあるとは思えない場合には、このベクトル要素の指標値は最小値 0 とする。顧客ニーズの強さの程度に対応した 0 〜 10 までの指標値を、営業担当者などの経験や直感により決めることになり、この意味で、「顧客ニーズ」は主観的情報に基づくベクトル要素である。

　顧客ニーズの指標値は、しばしば 20 個のベクトル要素の中で最重要であると見てしまいがちである。しかし、短期的な戦術とは異なり中長期的な戦略として考えたとき、顧客ニーズが確立されていることは、長期的には必ずしも有利ではない。Christensen[11] が言うように、「既に確立した製品の顧客は、企業が変化しようとするときには、変化を抑制する方向に影響する」と考えれば、まだ顧客が確立されていない革新製品によって、いずれ取って代わられるという可能性が高くなる。このことを VISTA マップで言えば、20 個のベクトル要素の中の顧客ニーズのみに着目したマップを描いたことになり、顧客が確立されて太いベクトルで技術連鎖している技術エレメントのみが過大に評価されていることになる。もしも、顧客ニーズ以外のベクトル要素を考慮すれば大きな価値評価を得たであろう他の技術エレメントの重要性が、見えなくなってしまっていることになる。つまり、既に確定している顧客を重視するあまり、新規顧客（新規事業）への技術連鎖が消されてしまう危険性が高い。

　また、日常の営業活動などで得た顧客ニーズは、自ずと現時点で企業が保有している技術エレメントに密着したニーズである傾向が強い。顧客ニーズに限らず、企業が既に保有している技術エレメントへの密着度があまりに強い情報は、技術"戦略"を策定するためというより、むしろ技術"戦術"を策定するた

めのものである場合が多い。すなわち、営業活動などを通して得た既存の顧客からのニーズ、特にクレームの場合には、企業側にとっては即座に何をすべきかの技術課題が分かるであろうし、それを解決するための選択肢も選択の余地の少ないものになるであろう。このような場合には、企業の直近の現況によって人員配置やタイム・スケジュールが即座に組まれることになり、他のベクトル要素について考察したり、VISTAマップを俯瞰すべき類のものではない。

一方、営業活動などの業務から離れて、例えば、新聞を何気なく読んでいるときに、業務とはまったく関係のない、しかし、興味のある記事に接した場合を想定してみよう。新聞記事でよく出てくる表現に、「～に用いられる～」「～の分野では～の需要が伸びている」「～の～への応用が期待できる」などがあるが、市場規模などの数値が明瞭に書かれていない場合が多い。このような場合には、顧客ニーズのベクトル要素の指標をとりあえず感覚で決めて、例えば5程度にしておけばよい。このような何気なく知った技術連鎖は、VISTAマップ上では、現在の自社関連の技術エレメントから遠く離れた所に位置するものが多いが、VISTAマップが拡大していくとやがて自社の技術エレメントとの連鎖が形成されるかも知れない。このように、VISTAマップでは、至る所に大小さまざまな技術連鎖の核（nucleus）が形成されることになる。そして、自然界において一定の大きさに達しない核はやがて消滅するのに対して、VISTAマップ上の核は、たとえ1本の技術連鎖ベクトルしか持たない小さな核であっても消滅せず、他の技術連鎖ベクトルと繋がって成長する機会を窺いながら待機することになる。

② **市場規模**

市場性の定義としてさまざまなデータを考えることができるが、ここでは、「市場規模（市場の現在の大きさ）」を考える。ベクトル要素の値は、市場規模の値の最大値が指標値10となるように規格化する。ただし、市場規模の単位は金額ベースとする。すなわち、

$$\text{ベクトル要素「市場規模」} = \frac{\text{対象の技術連鎖ベクトルの市場規模}}{\text{全技術連鎖ベクトルの市場規模の最大値}} \times 10 \quad (3)$$

さらに、本書では、

$$\text{「市場規模」} \fallingdotseq \text{「総生産高」} \fallingdotseq \text{「総売上高」} \quad (4)$$

が成立するものとみなす。すなわち、総生産高と総売上高との厳密な区別は行わない。総生産高には、売れずに残っている在庫（製品や仕掛品）を含んでいるため〔生産高＝売上高＋期末（製品＋仕掛品）－期首（製品＋仕掛品）〕、総生産高と総売上高とは本来は数値が異なる。しかし、これまで何度も述べてきた VISTA マップの目的から、最初から厳密な区別は行わない。最初は、できる限り広い視野で産業技術分野を見渡しながら狙うべき技術連鎖を抽出・創出し、その後必要であれば、その技術連鎖部分に焦点を絞り、総生産高と総売上高との厳密な区別を行いながら局所的にマップを高精度化すればよい。

　一般に、市場調査は、多くの時間と労力が必要であり、規模の小さな企業や個人では、広範囲の技術分野にわたっての調査は難しい。しかし、市場規模の調査結果は、実にさまざまな形で発表されているため、技術分割で得られた各技術エレメントに適合したものがあれば、利用すればよい。例えば、インターネット上で、「（製品名）×市場規模」の簡単な式でキーワード検索するだけでも、多くの製品の市場データが得られる。しかし、簡単な検索のみで得られる市場データの多くは、最終製品のように完成度から見て最終顧客市場に近いものや、そうでなければ汎用品を対象にしたものが多い。したがって、既存の市場データのみに基づいて VISTA マップを作成すれば、最終顧客市場に近い技術エレメントの市場データのみが充実し、最終顧客市場から遠く離れた技術エレメントに関する市場データが不足する。すなわち、ベクトル要素「市場規模」に関しては、不均一な"まだら模様"にしか正確な数値が分からず、したがって、「市場規模」のみに着目した技術連鎖ベクトルを考えると、最終顧客側に偏って分布する傾向が強くなる。図 4-1 は、市場規模のみを要素とする技術連鎖ベクトルについて、この様子を概念的に示したものである（ただし、図 4-1 では、市場規模の大きさは同じであると仮定しており、したがって、ベクトルの太さと色の濃淡は同じにして表示している）。

　このような状況で、VISTA マップにおける市場規模の扱いを、どのように

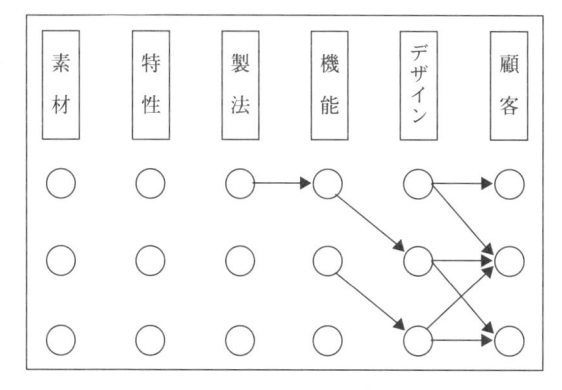

図4-1 市場規模のみを要素とした場合のVISTAマップの概念図
（各ベクトルの太さと濃淡の相違は無視）

考えればよいであろうか。結論から言えば、技術連鎖ベクトルが偏った分布を示してもそのまま受け入れればよい。偏った分布を示すベクトル要素「市場規模」をそのまま受け入れるということは、市場規模の値が不明な技術連鎖ベクトルでは、ベクトル要素「市場規模」として、とりあえず0を入力することを意味する。その結果、0と入力した技術連鎖ベクトルの市場規模が、たとえ実際には大きな市場規模であったとしても、市場規模が既知の他の技術連鎖ベクトルに比べて、小さく見積もってしまうことになる。しかし、ここでもVISTAマップの目的に基づいて、この矛盾を容認する。技術連鎖思考の目的は、有望な市場への技術連鎖を見通し、連鎖が弱い部分を抽出することにあるため、市場規模に関するデータがないということはそれ自体が連鎖を弱める大きな要因であり、もしもベクトル要素「市場規模」を重視する戦略をとるのであれば、「市場規模」のデータがない連鎖部分は、当然に"弱み"として抽出されることになり、その時点で本格的な市場調査をすればよい。逆に、ベクトル要素「市場規模」を当面は重視しないという戦略をとるのであれば、4.6節で述べる重み付け操作でベクトル要素「市場規模」の重みを0とすることにより、市場データがないことの影響を排除することができる。

また、VISTAマップ上における最終顧客市場からの距離に応じて戦略を見直す場合には、以下のような二段思考が可能である（思考の切り替えは、後述

する重み付けの変更で行う)。まず、第一段階では、最終顧客市場から遠い場合で、市場規模以外のベクトル要素を重視して、技術連鎖の強弱を見通す。そして、最も有利な技術連鎖の見通しが得られれば第二段階に入り、ベクトル要素の市場規模を重視した技術連鎖思考に切り替える。第二段階では、第一段階で得られた技術連鎖上にあるいずれかの技術エレメントに対して、市場規模に関する技術連鎖ベクトルが繋がるか否かを見通せばよい。もしも連鎖しないのであれば、第一段階の技術連鎖の見通しを見直す必要が生じる。

③ 参入余地(競合他社)

　Utterbackがその著書の中で、製品開発におけるドミナント・デザインという概念を提唱し、「ドミナント・デザインが確立されるまでは、参入企業は年数と共に増大していくが、ドミナント・デザインが確立された後は、企業数は減少していき、やがて2～3の大企業の間で安定化する」と述べている[12]。この考察に基づくならば、「競合他社が少ないほど、参入余地は大きい」という一見常に成り立つような主張が実はそうではないことになる。すなわち、Utterbackの言うドミナント・デザインが確立されるまでは、確かに、競合他社が少ない間に参入した方が有利であるが、ドミナント・デザインが確立された後は、参入企業数が少ないからといって有利ではなく、むしろ、時間が経過して企業数が減少し寡占化の度合いが強くなるほど、参入余地が小さくなる。Utterbackによるこの見解を図にしてみると、図4-2のようになるであろう。この点を考慮した企業数と参入余地度との関係式が必要になり、ここでは、累積企業数に着目する。すなわち、図4-2において、固定期に残っている企業は流動期の初期から参入していた企業かもしれないし、あるいは、(Utterbackも言っているように可能性は極めて小さいが)移行期以降に参入した企業かもしれない。言えることは、流動期には急激に企業数が増え、逆にドミナント・デザインが確立された後は、脱落していく企業数が増大していき、やがて数社による寡占化が生じる。これを、企業の累積数(すなわち、存続あるいは脱落に関わらず、対象期間中に一度でも参入したことのある企業の総数)に着目して図にすると、図4-3のようになる。図4-3の「流動期～移行期」では、累

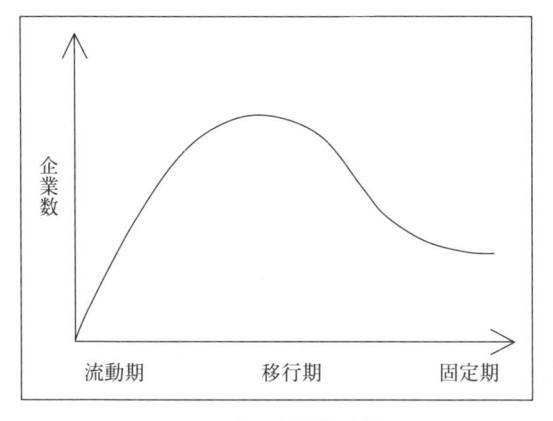

図4-2　参入企業数の推移

積企業数が急激に増加するのに対して、「移行期～固定期」では、累積企業数の変化はほとんど見られなくなる。VISTAマップの目的の1つは、流動期にある製品や技術の成功確率を少しでも高めるための、あるいは、既に固定期にある製品や技術を他の市場に振り向けて新たな流動期を作り出していくための、視覚的データベースの構築である。すなわち、移行期や固定期の既存製品や製造技術そのものは目的にしていない。既述したように、移行期以降は、数社の企業による寡占化の段階であり、これ以降は、技術"戦略"ではなく技術"戦術"の領域である。以上の考え方に基づき、例えば、特許検索などにより

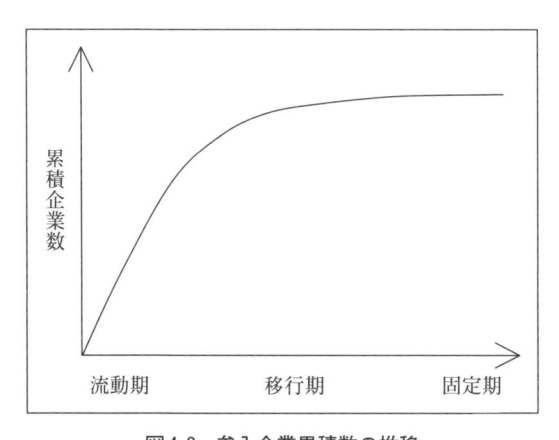

図4-3　参入企業累積数の推移

適当な期間（充分に流動期の初期を包含している期間）を設定して、その期間で特許出願している累積企業数を調べることにより、その製品や技術が「流動期〜移行期」「移行期〜固定期」のいずれの段階にあるのかに関わらず参入余地度を定義することができる。参入余地は、流動期から固定期に進むにつれて小さくなるのであるから、結局、参入余地度（競合他社の数から見た参入余地度）は、累積企業数を用いた下記の式で表すことができる。ここで、企業数には、大学や公立研究所も含めることにし、これ以降は、企業数を「機関数」と表現し直す。なぜならば、大学や公立研究所などは、本来は利益追求するものではなく競合しないが、近年、産学連携が活発化していることから見ても、将来は共同研究の形で他企業と連携し競合することが充分に考えられるからである。

ベクトル要素「参入余地度（競合他社）」＝10－累積機関数（規格化）　　(5)

$$累積機関数（規格化）＝\frac{対象の技術連鎖ベクトルの累積機関数}{全技術連鎖ベクトルの累積機関数の最大値}×10 \quad (6)$$

　上式において、累積機関数は、最大値で規格化した値を用いるため、0〜10の範囲内の値に収まる。したがって、ベクトル要素「参入余地度（競合他社）」の値は、累積機関数が0のときに最大値10となり、累積機関数が10のときに最小値0となる。図4-3によれば、累積機関数からその製品や技術が流動期にあるのか否かは推定できるが、移行期にあるのか固定期にあるのかを知ることはできない（なぜならば、移行期と固定期のどちらの段階にあっても累積機関数は変わらず最大値に近いので、参入余地度はほぼ0になる）。しかし、上述したVISTAマップの本来の目的を念頭に置けば、技術戦略を策定する上で混乱は生じない。何をもって"参入"というかの問題はあるが、累積機関数を調べる手段としては、特許出願している機関に着目するのが最も妥当である。なぜなら、数値情報については、VISTAマップの領域によらず、できる限り同じ情報源から得る方が好ましいからである。VISTAマップは、他のデータベースがそうであるのと同様に一朝一夕に完成するものではない。したがって、マップを作成している途中で、例えば、情報源である雑誌がその情報の加

工の仕方を途中で変更、あるいは情報の開示そのものを中止する場合が想定できる。このようなことが起こると、その時点の前後での数値データの整合性についての信頼性が低下することになる。数値データに関する情報源に対しては不変性、継続性が要求されるが、この点において、特許情報は最も信頼できる情報源の1つである。

④ 参入余地（競合技術）

競合技術についても、基本的な考え方は、③で述べた競合他社の場合と同じである。ただし、流動期→移行期→固定期に対応した革新的製品や技術の数の変化は、競合他社の場合に比べると複雑である。Utterbackが言う製品イノベーションと工程イノベーションの各々の発生率の変化を、イノベーション発生数に書き直すと、図4-4（a）のような傾向になる（ただし、図上では縦軸の絶対値の精度は無視する）。ここで、③で述べた競合他社の場合と同じ理由により、各年度のイノベーション技術の数を見積もる手段としては、特許出願件数に着目するのが最も妥当である。ただし、ここで一度、図4-4（a）においてイノベーション数を特許出願件数で置き換えた際の年次変化の傾向と、Utterbackの言う製品イノベーションあるいは工程イノベーションとの形状とを、比較しておく必要がある。ここでは結論のみを言っておくと、ほとんどすべての分野において、国内特許出願件数の年次変化の傾向は、工程イノベーション数の場合に酷似しており、製品イノベーション数のような傾向を示すも

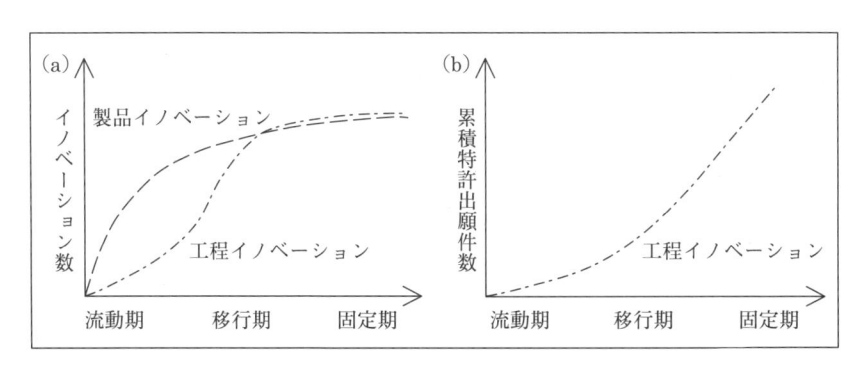

図4-4 イノベーション技術数の推移（a）と累積特許出願件数の推移（b）

のは極めて少ない。これは、製品あるいは工程に関わらずイノベーションがあれば、それが即座に特許出願に繋がるものではないことを反映している。その理由としてさまざまなものが考えられるが、そもそも、新製品や新技術が画期的な産業イノベーションに繋がるのかどうかの判定が、多くの場合に極めて難しいことが挙げられる。既存の確立された製品や技術に対して、新製品や新技術の導入には少なからず費用が発生する。また、新製品や新技術は往々にしてそれ単体で成立し得ず、システム化あるいは前後の製造工程との整合性なども加味して初めて、その価値が評価できるものである。すなわち、技術連鎖全体を見て初めて、技術価値の評価が可能になるのであって、新製品や新技術を開発した直後では、導入費用が高い割に、それによって得られる最終的効果を算定できないという状態が続く。したがって、産業技術全体の中で局所的に新製品や新技術が現れたという理由のみで、その分野への人員と開発資金が即座に増大されることは極めて稀であり、経営者は、気には掛けるが、しばらくは様子を見ることになる。特に、日本ではこの傾向が強い。その結果、しばらくは関連する少数の技術者のみが原理などの基本特許を出願する程度であり、その新製品や新技術の波及効果が大きいという判定がなされ急激な特許出願件数の増大が見られるようになるまでには、タイムラグが生じる。このタイムラグにより、国内特許出願件数の年次変化の傾向は、工程イノベーション数の変化の傾向と酷似することになる。

　以上のことから、図4-4（a）の工程イノベーションにおけるイノベーション数変化形状のみに着目し、特許出願件数に置き換えて、さらに累積特許出願件数について表示し直すと図4-4（b）のようになる。同じ累積数でも、図4-3で述べた累積機関数とは傾向が大きく異なるのは、以下の理由による。すなわち、図4-3の累積機関数は、一度参入した機関が移行期までは存続し続けるであろうことを根拠にしているのに対して、累積イノベーション数では、年度毎に加算されるイノベーション数は、すべて新規のイノベーションであることを根拠にしている。図4-4（b）の累積特許出願件数の変化は、図4-3の累積機関数の変化に比べて線形であり自然な累積の様子を呈していることから、参入余地度（競合技術）を算出するための次式は、"累積数"と関係付けた式として

図4-3に比べれば受け入れやすい。

ベクトル要素「参入余地度（競合技術）」＝10－累積特許出願件数（規格化）　(7)
　累積特許出願件数（規格化）＝

$$\frac{対象の技術連鎖ベクトルの特許出願件数}{全技術連鎖ベクトルの特許出願件数の最大値} \times 10 \quad (8)$$

　ところで、この累積特許出願件数の中には、自社が特許出願したものも含まれている場合がある。⑥知的財産権で述べるように、自社特許は、当然の事ながら自社にとって有利に作用するものである。それにも関わらず上式を適用すれば、自社特許出願が参入余地度を小さくしてしまうことになり、矛盾が生じているように見える。しかし、ここでは、あくまで競合技術という視点でのみ参入のしやすさを考えており、その技術が自社か他社かについては考慮しない。特許出願件数が多いということは、ベクトルの始点から終点にアプローチする手段が多いという見方ができる。仮に、この内のほとんどについて自社が特許出願しているとしても、投資負担や他社からの侵害などに注意を払う負担は大きくなる。「Simple is best.」な技術ではないため、選択と集中という観点では不利である。このように競合技術という視点のみで見れば、特許出願件数が多い程、それが自社のものか他社のものかに関わらず競合技術が多いことになり、参入障壁が高くなる。したがって、自社の特許出願件数の占める割合が極端に大きい技術連鎖ベクトルの場合には、④参入余地（競合技術）と⑥知的財産権とはトレードオフの関係になる。

　参入余地度（競合技術）に関しては、明確にしておかなければならない点がもう1つある。競合技術に関するダブル・カウンティングへの危惧である。すなわち、5章2節でも述べるように、VISTAマップ上の複数の技術エレメントが互いに競合関係にある場合に、それぞれの技術エレメントの価値評価を行う際、競合技術の脅威を「分配価値」という考え方で表し、その脅威ゆえに各々の技術価値を低く見積もることになる。しかし、技術連鎖ベクトルの要素の中に参入余地（競合技術）も含まれているため、ベクトルの強さ（太さと濃淡）

を算出する際にも競合技術の脅威を考慮していることになる。後述するように、技術エレメントの価値評価を行う際には、技術連鎖ベクトルの強さ（太さと濃淡）と分配価値との乗算になるため、結果として、競合技術の脅威をダブル・カウンティングしてしまうように見える。図を用いて説明すると、図4-5のようになる。例えば、ある情報源から得た情報が、LSIに関わる半導体の特許出願件数のみであったとする。この場合には、図4-5（a）のように、参入余地度（競合技術）のベクトル要素のみから成るVISTAマップが描かれる。後に、他の情報源から、化合物半導体やシリコン半導体を用いたLSIの特許出願件数の値を知った際には、図4-5（b）のように表示し直されるが、このときに、既に得ている半導体→LSIの技術連鎖ベクトルも表示し続けると、以下のような問題が発生する。技術エレメント「半導体」の技術価値を算出する場合、LSIに連鎖するベクトルが3個あるため、半導体→LSIの技術連鎖ベクトルの強さ（太さと濃淡）に分配価値1/3を乗算することになる。これは、図4-5（b）のマップから化合物半導体やシリコン半導体を競合技術として考慮して

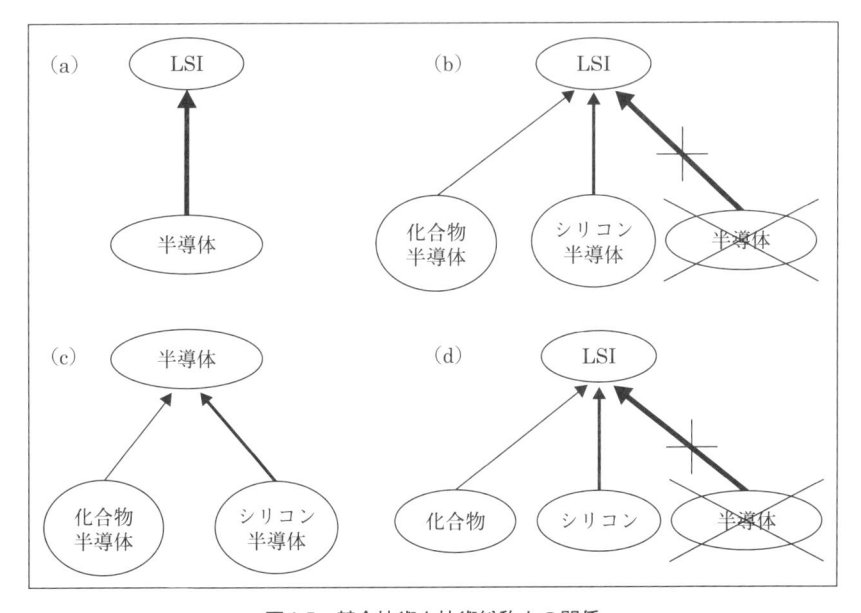

図4-5　競合技術と技術総称との関係

いることに他ならない。一方で、半導体→LSIの技術連鎖ベクトルの強さ（太さと濃淡）を算出する際には、単に「半導体」という漠然としたキーワードによる特許検索をして得られた、LSIに関わる半導体の特許出願件数を用いており、その件数の中には、当然、化合物半導体やシリコン半導体を用いたLSIの特許出願も含まれている。このことは、半導体→LSIの技術連鎖ベクトルの強さ（太さと濃淡）を算出するときにも化合物半導体やシリコン半導体を競合技術として考慮していることを意味している。すなわち、図4-5（b）では、化合物半導体やシリコン半導体を競合技術としてダブル・カウンティングしていることになる。このダブル・カウンティングが生じる原因は、「半導体」に対する「化合物半導体」、「シリコン半導体」の言葉上の関係にある。言うまでもなく、「半導体」という言葉は、「化合物半導体」、「シリコン半導体」の単なる総称である。それにも関わらず、図4-5（b）では「半導体」、「化合物半導体」、「シリコン半導体」を同一階層に並べていることが間違いである。このような場合には、化合物半導体→LSIとシリコン半導体→LSIの技術連鎖ベクトルを記入する時点で、半導体→LSIの技術連鎖ベクトルを削除しなければならない。また、図4-5（c）のように表示し直すことも可能である。これは、通常の技術系統図と類似している。この場合には、化合物半導体→半導体またはシリコン半導体→半導体という技術連鎖ベクトルが、ベクトル要素⑫「上位概念」に基づいて形成されている。すなわち、この技術連鎖ベクトルの終点と始点のそれぞれの技術エレメントは、概念上の上位下位の関係で連鎖していると考えることができる。この点については後述する。「半導体」は「化合物半導体」「シリコン半導体」の単なる総称であり、この3つを同一階層に並べることはできないが、もしも「半導体」と「化合物」「シリコン」の関係であれば、どうだろうか？　例えば、図4-5（d）の表記が成立するであろうか？　結論から言えば、この場合も、図4-5（b）と同様に、半導体→LSIの技術連鎖ベクトルを削除しなければならない。確かに、「化合物」「シリコン」という表現をすることにより、もはや「半導体」は「化合物」「シリコン」の総称ではなくなる。例えば、「シリコン」と表現することにより、半導体以外にも、微粒子にして塗料、インク、剛性樹脂、シリコーンゴム、化粧品や、あるいは、タイヤ充填材、

コンクリート補強剤などの広範囲な製品や開発対象が浮かび上がる。「化合物半導体」「化合物」「シリコン半導体」「シリコン」とそれぞれ表現したときの、「半導体」との言葉の関係を図で示すと図4-6のようになる。「半導体」という言葉が、「化合物」「シリコン」の総称ではないので、図4-5 (d) は一見正しいように思えるが、図4-6に示したように、「化合物」と「半導体」あるいは「シリコン」と「半導体」との間に重複部分がある。このような部分的に重複した言葉を同一階層に並べることも、避けなければならない。結局、図4-5 (d) は図4-5 (b) に表示し直さなければならない。以上のことから、技術エレメントの言葉の表記と階層分類には、注意を払う必要があり、したがって、VISTAマップの作成には、その言葉が総称か否かの判断ができる程度の（図4-5 (b)、(d) のような誤りが認識できる程度の）知識が要求される。

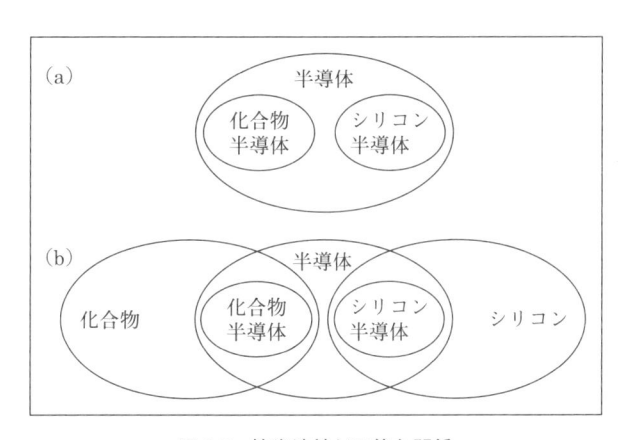

図4-6 技術連鎖が可能な関係

③④の参入余地について

ここで、もう少し具体的に、上記③の競合他社と上記④の競合技術による脅威について考えてみる。例えば、特許検索により、表4-3に示すような結果が得られた場合を想定してみる。技術連鎖A→Zでは、4つの機関が特許出願しており合計件数は15件である。技術連鎖B→Zでは、1つの機関のみが20件特許出願している。技術連鎖C→Zでは、5つの機関がそれぞれ2件ずつ特許出願しており合計件数は10件である。③④で定義した式で参入余地度を算出

第4章 技術連鎖ベクトル要素 61

表4-3 累積特許出願件数の仮想例

	技術連鎖A→Z	技術連鎖B→Z	技術連鎖C→Z
大学研究室：α	2	0	2
民間企業　：β	0	20	2
民間企業　：γ	8	0	2
民間企業　：δ	4	0	2
民間企業　：ε	1	0	2
累積機関数	4	1	5
累積特許出願件数合計	15	20	10

表4-4 技術連鎖ベクトルの大きさ（太さと色の濃淡）

	技術連鎖A→Z	技術連鎖B→Z	技術連鎖C→Z
累積機関数（規格化）	8.0	2.0	10.0
累積特許出願件数合計（規格化）	7.5	10.0	5.0
参入余地度（競合他社）	2.0	8.0	0.0
参入余地度（競合技術）	2.5	0.0	5.0
ベクトル太さ（③④以外の要素は0）	0.72	1.8	1.1

してみると、表4-4の結果になる。

　特許出願件数と機関数のみに着目した結果、表4-3において、技術連鎖B→Zで特定の企業βの特許出願件数が突出して多いという情報が欠落してしまう（企業数のみの情報が残り、βという特定企業名の情報が消える）。しかし、VISTAマップの目的は、特定の技術（表1の技術エレメントA、B、C、Z）の細部や個々の機関、企業（表1のα〜ε）の事情を、表4-3、表4-4の情報検索結果だけから考察することではない。そもそも、表4-3、表4-4の情報検索結果だけで、A→Z、B→Z、C→Zの技術連鎖間における相違のすべてを考察することじたい無理な話である。VISTAマップは、漸進的に高精度なものに進化していくものであり、進化の度合いに応じて、抽出すべき情報を必要最小限に留めるべきである。例えば、表4-4の参入余地度は、「それぞれの技術連鎖への参入が、知的財産から見てどれくらい容易であるか」という程度の情

報に過ぎない。要するに、広い範囲を俯瞰して狙うべき技術連鎖ベクトルを抽出し、その後に、抽出した技術連鎖ベクトルをさらに詳細に分解していくべきである。

表4-3、表4-4と同様な具体例を、繊維の場合について表4-5に示す。これは、特許庁のホームページで公開されている技術分野別特許マップから、一部を抜粋してきたものである。このサイトでは、機械系23テーマ、電気系24テーマ、化学系24テーマ、一般23テーマについて、詳細な特許検索結果が掲載されている。また、独立行政法人・工業所有権情報研修館のホームページでも、機械系14テーマ、電気系30テーマ、化学系29テーマ、一般15テーマについて、同様な特許検索結果が掲載されている。技術連鎖ベクトルの要素の内、特許情報については、これらの検索結果も利用できる。

表4-5では、機能性繊維加工技術の中から、環境、健康という市場ニーズを実現する手段である技術エレメントとして「抗菌・防ダニ」「消臭・脱臭」「生体適合」の3つを選択し、企業別の特許出願件数を表示した。ただし、表4-5

表4-5 特許出願件数検索結果の具体例

	抗菌・防ダニ	消臭・脱臭	生体適合
東レ	168	118	（＜20）
鐘紡	146	90	（＜20）
ユニチカ	130	65	（＜20）
旭化成工業	114	61	（＜20）
三菱レイヨン	109	53	（＜20）
クラレ	105	26	（＜20）
帝人	101	49	（＜20）
東洋紡績	92	60	（＜20）
日本エクスラン工業	28	（＜20）	（＜20）
花王	23	（＜20）	（＜20）
ライオン	21	24	（＜20）
特許出願件数合計	1037（10）	466（4.5）	0（0.0）
企業数合計（20件以上）	10（10）	8（8.0）	0（0.0）

（特許庁ホームページより抜粋して再編集）

では、20件以下の企業については割愛した。表4-3の例に従って、特許出願件数合計と企業数合計を、表4-5の最下欄に記した（ただし、下部2行の括弧内の数字は、その項目の最大値で規格化したときの値である）。表4-6は、この特許情報を基にして、上記3つの技術エレメントをそれぞれ始点とし環境、健康の市場を終点とする技術連鎖ベクトルの大きさ（太さ）を、(5)～(8)式から算出した結果である。特許情報から見た場合、技術連鎖は、生体適合からのものが最も強く、抗菌・防ダニからの連鎖はない。表4-6で得られたベクトル強度の数値を技術連鎖ベクトルの太さに反映させて、VISTAマップを描いたものが図4-7である。

表4-6 技術連鎖ベクトルの大きさの具体例

	抗菌・防ダニ	消臭・脱臭	生体適合
ベクトルの大きさ（③④以外の要素は0）	0	1.3	3.2

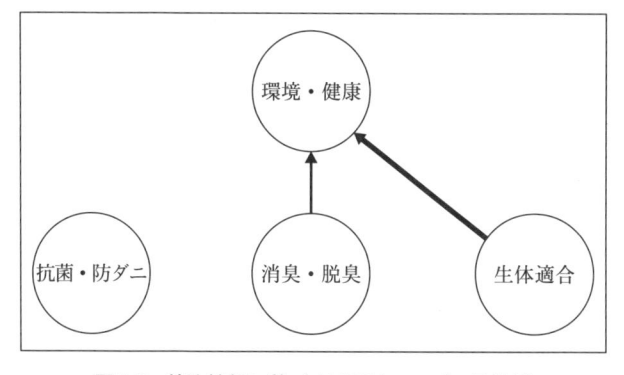

図4-7 特許情報に基づくVISTAマップの具体例

⑤ 参入余地（環境・法規制）

企業がある技術分野に参入しようとしたとき、環境問題や法規制などは、どのような影響を及ぼすであろうか。環境問題や法規制により、漸次撤廃の方針が出されて不利に作用する技術分野もあれば、逆にそのことによって、新たな顧客ニーズや市場を喚起し有利に作用する技術分野もある。

例えば、地球温暖化に伴う二酸化炭素の排出量規制が国際的に宣言されてお

り、石油やガソリンなどの化石燃料に代わって、トウモロコシなどのバイオ燃料などに注目が集まっている。その結果、日本のマヨネーズ製造会社が17年ぶりにマヨネーズ価格を値上げすることになった。マヨネーズ製造に用いる食用油の原料である菜種や大豆の畑がトウモロコシ畑に転用されており、原料コストが高騰したためである。まさに、技術が連鎖している所以であり、食用油から見たときとバイオ燃料から見たときの畑作業の技術価値が、規制という外圧によって変動したのである。技術連鎖に基づく間接的な影響ばかりでなく、もっと直接的に参入余地に影響を及ぼす場合も考えられる。すなわち、環境規制が厳しい分野では、環境問題を解決するための技術開発を負担する必要があるために、一見参入余地が小さいように見えるが、同時に、伊丹らがその著書「環境と高齢化の産業化」で述べているように[13]、その技術やノウハウを1つの製品として、他企業や海外に事業展開できる可能性もある。環境規制以外にも、例えばPL（製造物責任）法との関連でよく話題に上る家電製品などについても、同様のことが言える。PL法により安全対策がより重視されることが、家電メーカーにとっては不利に作用するかも知れないが、センサーや回路設計の専業メーカーにとっては追い風になる場合もある。

　このように、環境問題や法規制による産業への影響は、従来の製品や技術の縮小というマイナス面のみではなく、新製品や新技術の開発促進というプラス面も考えられる。実際には、製品や技術の複雑性ゆえに、マイナス面とプラス面が混在する場合が多い。例えば、上述した家電製品の安全対策として付加されるセンサーや回路について言えば、PL法により、最終製品である家電製品の安全性の向上が義務づけられるということは、その部品であるセンサーや回路についてもPL法が適用されることになり、信頼性向上のための独自開発が

表4-7　ベクトル要素「参入余地（環境・法規制）」の指標化

環境・法規制などの影響	指標
有利である（参入余地が大きい）	10
有利不利の判別不可または不明	5.0
不利である（参入余地がない）	0.0

必要になる。仮に、センサーや回路の専業メーカーが家電メーカーの下請けで家電メーカーによる設計・指示に従っていた場合にはPL法の適用は免責されるが、親会社である家電メーカーからの要求仕様は厳しくなると考えられることから、センサーや回路設計の専業メーカーにとって、新たなコスト負担が必要になる。すなわち、PL法により、センサーや回路設計の需要は増えるが、技術開発の負担も増える。需要増に伴う収益向上と技術開発に伴うコスト増とを算出して影響を判断することは、戦術を考える段階になれば可能ではあるが、広範囲に技術を俯瞰して（戦術の議論に入る前の）戦略を策定している段階では、現実には難しい。したがって、VISTAマップの構築で、環境問題や法規制に基づく参入余地の指標化は、表4-7に示すように感覚的に行う。

ここで、「有利である」には、ISOの認定を得る上で他社よりも有利である（認定を得る自信がある）場合を含めることも考えられる。しかし、ISO9001（品質マネジメントシステム）もISO14001（環境マネジメントシステム）も、JISマークの場合とは異なり、個々の製品に付けることができない。いずれも、企業全体のイメージ向上に役立つものである。また、例えば、ISO9001の認定は、品質を向上させるためのシステムが認められたに過ぎず、その企業の現在の品質水準を保証するものではない。ISO認定は、一個の技術連鎖のみに関するものではなく、その企業全体のイメージに関するものであることから、むしろ、ベクトル要素⑲「質的優位性」に含めるべきであると考える。

⑥　知的財産権

最初に、ここで言う「知的財産権」の範囲を示しておく必要がある。特許庁のホームページでは、知的財産権の種類を図4-8のように分類している[14]。

本書では、「営業秘密」を①「顧客ニーズ」や⑮「ノウハウ」に、また、「営業標識についての権利」を⑲「質的優位」に、それぞれ含めて考えている。したがって、⑥「知的財産権」では、「知的創造物についての権利」から「営業秘密」を除いた範囲を対象にする。

一般に、自社の知的財産が多い程、他社に対して、排他的戦術やクロスライセンスなどの事業戦術が採用しやすくなり、（他社や海外における違法コピー

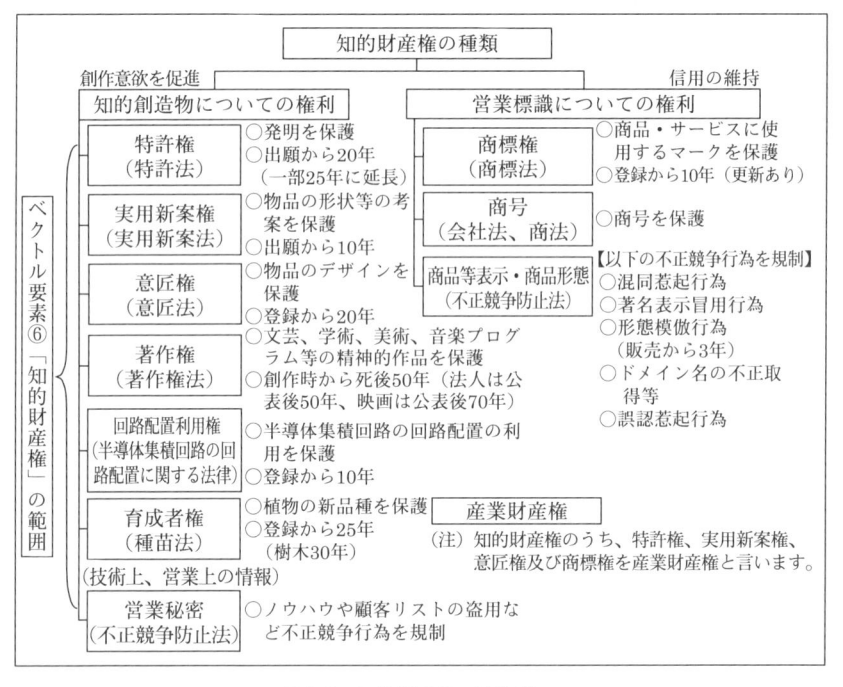

図4-8 知的財産権の種類[14]

の懸念を除けば）有利であると考えられる。したがって、自社の特許件数（または特許出願件数）を技術エレメントごとに分類し、その最大値で規格化した値をベクトル要素として採用する。

ベクトル要素「知的財産権（規格化）」＝

$$\frac{\text{対象の技術連鎖ベクトルの自社特許（出願）件数}}{\text{全技術連鎖ベクトルの自社特許（出願）件数の最大値}} \times 10 \quad (9)$$

ただし、通常、特許などの請求範囲は多請求項で構成されており、したがって、1つの明細書から複数の技術連鎖ベクトルを得ることができる。特に、自らが執筆または請求した特許であれば、各請求項の内容を充分に把握しているため、請求項ごとに始点、終点となる技術エレメントを決定することができ

る。これに対して、大手企業ともなると、特許件数が他部門にわたり、社内であっても専門外の特許については、請求項ごとに分離して技術エレメントを決定することが難しくなる。この場合には、特許検索に頼ることになる。これは、ベクトル要素⑥「知的財産権」が、VISTAマップの技術領域によって公平に扱われていないことを意味する。なぜなら、自身の関与した特許関連の技術連鎖ベクトルでは、各請求項を1件とみなしているのに対して、自身の関与しない特許関連の技術連鎖ベクトルでは、明細書全体を1件とみなしていることになる。しかし、このような不公平さは、我々が頭の中で描いて意思決定の根拠にしている戦略思考マップでは、多々あることである。成功した人が、必ずしも事前に完全な戦略マップと言えるものを描いていなかったであろうし、そもそも"完全な戦略"というものがどのようなものであるかも分からない。意思決定すると言っても、その根拠には直感や推測や不明な部分もある。このことを、Barneyは、その著書の中で、以下のように表現している[3]。

『成功のためのセオリーを選択し実行することが常に不完全な情報と知識に基づいていることが強調される。（中略）自社がどのように競争するかという意思決定は、その業界や市場の重要な経済プロセスに関する理解や、それを前提とした競争手段の有効性に関する精一杯の推量に基づいている。』

したがって、ベクトル要素⑥「知的財産権」が公平に扱われていないVISTAマップであっても、まず大局的に俯瞰して、着目すべき技術連鎖ベクトルを抽出または創出した後に、その技術連鎖ベクトルに関して必要であれば、さらに請求項ごとに細分化してより詳細な技術連鎖ベクトルに分解すればよい。人が頭脳の中で戦略を考える際におそらく無意識の内に辿っている手順と同様に、大局的に俯瞰して狙いを定めた焦点（VISTAマップ上で抽出した技術連鎖ベクトル）近傍の技術連鎖ベクトルについては、詳細に描き直す必要があるが、焦点から離れた周辺部の技術連鎖ベクトルではその必要はない。

⑦　文献（科学的根拠）

　学術文献が多いことは、科学的情報が得やすいことを意味しており、製品や技術開発を行う際の新たな発想がしやすくなる。その反面、既に発表されている文献数が多いことは、公知例が多いことを意味し、自社が特許出願する場合には障害となる場合もある。すなわち、学術文献については、プラスとマイナスの両方の効果がある。しかし、マイナスの効果は、自社特許（出願）件数の減少という形で現れ、したがって、ベクトル要素「知的財産権」の中に含めて考えることができる。以上のことから、ベクトル要素「文献」については、科学的根拠が得られやすいというプラスの効果だけの大きさを考える。

　次に、学術文献については、以下で述べる特殊事情も考慮しておく必要がある。すなわち、学術文献の場合には、戦略や利益ではなく独創性を重視しているため、特許出願の場合とは異なり、ある技術が特定の研究室に集中している傾向が強い点である。また、大学では、教育的な観点から、細分化した研究テーマを学生に分担させて、網羅的に研究論文を発表している傾向が強い。したがって、このような場合には、ある技術が特定の研究室のみから多数発表されることになる。すなわち、このような完成されたとは言い難い萌芽的技術に対して、学術文献数のみを技術連鎖ベクトル要素の１つとして採用することは、学術文献数を過大評価してしまう危険性がある。むしろ、文献数が少なくても発表機関数の多い方が、その技術に対する"客観的"評価が高く信頼性も高いと考えられ、したがって、文献数を発表機関数で修正する必要がある。そのために、以下の式を採用する。

$$\text{ベクトル要素「文献（科学的根拠）」} = \frac{\text{対象の技術連鎖ベクトルの（文献数×発表機関数）}}{\text{全技術連鎖ベクトルの（文献数×発表機関数）の最大値}} \times 10 \quad (10)$$

　上式に基づくと、ベクトル要素は以下のようになる。例えば、表4-8に示す学術文献に関する検索結果が得られた場合について、技術エレメントA、B、Cと技術エレメントZとの技術連鎖を考える。表4-8の技術連鎖A→Zでは、

第 4 章　技術連鎖ベクトル要素　69

表 4-8　学術文献検索結果の仮想例

	技術連鎖 A → Z	技術連鎖 B → Z	技術連鎖 C → Z
大学研究室：α	10	0	5
大学研究室：β	10	50	5
公立研究所：γ	10	0	5
民間研究所：δ	10	0	5
大学研究室：ε	10	0	5
文献数合計	50	50	25
発表機関数	5	1	5
文献数合計×発表機関数	250	50	125
文献数合計×発表機関数（規格化）	10.0	2.0	5.0
技術連鎖ベクトルの大きさ（太さ）（⑦以外のベクトル要素は 0）	2.2	0.45	1.1

5 つの研究機関がそれぞれ 10 件ずつ論文発表しているのに対して、技術連鎖 B → Z では、1 つの研究機関のみが 50 件の論文発表をしている。技術連鎖 C → Z では、5 つの研究機関がそれぞれ 5 件ずつ論文発表している。(10) 式を用いてベクトル要素を算出し、さらに、技術連鎖ベクトルの大きさ（太さ）を算出した結果を表 4-8 最下段に示す。これに対応した VISTA マップは、図 4-9 のようになる。

　例えば、技術連鎖 B → Z は、C → Z よりも文献数が多いにも関わらず、ベクトルの大きさ（太さ）は小さくなっており、VISTA マップ上で視覚的に顕著な差となって表示されている。これは、上述した通り、ベクトル要素「文献（科学的根拠）」に関しては、発表機関数が多いことを特に重視しているためである。

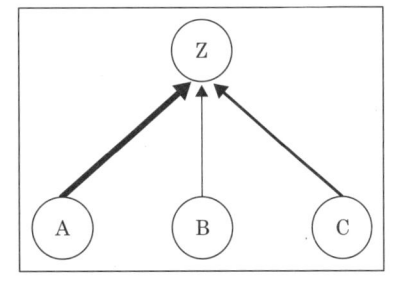

図 4-9　学術文献数に基づく VISTA マップ

⑧ Win-Win

　Win-Winとは、「自分も相手も得をする」という考え方であり、多くのビジネス書[15]で取り上げられている考え方である。Coveyの表現を借りれば、「単なるテクニックではなく、人間関係の全体的哲学」「相互の利益を求める心と精神」というように、本来は、「人間学」に基礎を置いた考え方である。すなわち、相手に勝つか負けるかという二分法的な競争関係ではなく、相手を含めてすべての当事者が満足できる協力関係や行動計画というパラダイム（paradigm）を意味する。しかし、本書で言うベクトル要素「Win-Win」とは、上述した根元的な定義やパラダイムに忠実に従ったものではなく、「開発すればする程、需要サイドも供給サイドも得をする」様な技術か否かを指標化したものである。すなわち、「人間学」ではなく、あくまで技術的視点に立って、"継続的"技術開発を促す技術連鎖か否かという点に重点を置いている。したがって、"一回の"技術開発で、需用者満足度の高い製品（技術）ができ供給者サイドも相応の利益を得たとしても、その技術開発を継続的に進めるためのドライビング・フォース（driving force）が見いだせなければ、ベクトル要素「Win-Win」の指標値は0となる。

　継続的技術開発を促す技術連鎖とは、言い換えれば、付加価値を高めることにより実価格が上昇しても、その付加価値に対する顧客満足度が、実価格上昇というマイナス分を考慮してもプラスになることを意味する。例えば、1990年頃までのLSI分野における汎用DRAM市場が、これに該当する。仮に、表4-9に示したように、64MビットのDRAM価格が5000円であった時代に、微細化技術の開発を進めることにより、同じチップ面積（実際には1.5倍ぐらいに大きくなる）で256Mビットまで機能を高めることができ、この256Mビットの価格を10000円に設定したとする。これをビットあたり価格で言い直すと、約78円／ビットのものが、約39円／ビットと半額になったことを意味する。これなら顧客は、価格が10000円でも256Mビットのチップを購入する。一方、製造業者の側から見れば、チップ面積は変わらないので、1枚のウェハから得られるチップの数も変わらず、したがって、5000円／チップを10000円／チップに値上げした分、2倍の収入となる。すなわち、製造業

者側にとっても利益がある。そして、重要なことは、上述した状況が、微細化技術の開発をさらに押し進めることにより"継続的に"成り立つ点である。したがって、技術エレメント「微細加工」と技術エレメント「汎用 DRAM」との間の技術連鎖ベクトルにおいては、ベクトル要素「Win-Win」の指標値は最大の 10 となる。

　微細化技術とは趣が異なるが、同様のことは、食品の分野でも成立し得る。食品と言えば、味覚をすぐに思い起こすので、一見、ベクトル要素「Win-Win」の指標値は小さいように思える。実際、食品の"味"については客観的評価が困難であることから、味のみを追求した継続的技術開発は考え難い。なぜなら、当初の技術開発により新味で美味しい食品ができたとしても、その後、その食品の味のみをさらに追求した継続的技術開発により、その継続開発費用に見合った売り上げの増大が期待し難いからである。これは、味に関する客観的評価が困難であることに起因しており、継続的技術開発により、開発者自身がより一層美味しいと思う味を開発できたと思っても、ある年代層の需用者にとっては味が落ちたと感じる可能性もあり、この場合は、既に獲得していた顧客層が離れてしまう。仮に新たな顧客層が現れて売り上げが伸びたとしても、汎用 DRAM の様に Win-Win の関係に基づく場合とは明らかに異なる。

　このように「美味」という技術エレメントを終点とする技術連鎖ベクトルでは、ベクトル要素「Win-Win」の指標値が大きくなることは、通常では考え難い。味という対象の評価の曖昧さとともに、味に対する顧客満足度が飽和するためである。しかし、「味」ではなく別の技術エレメントを終点とする技術連鎖ベクトルに対しては、可能な場合もある。例えば、「高級感」という技術エレメントへの技術連鎖ベクトルを考えてみる。表 4-9 に示したように、高級ブランド化の成功例としてしばしば引き合いに出される「関アジ」「関サバ」では、網で取ると魚は暴れてストレスがたまり味の低下を引き起こすため、すべて一本釣りにしている。また、釣った魚を船内から漁協のいけすに移す時、鮮度を保つため手で触れずに、目分量で重さを量る。このように、魚の味を低下させない目的で"こだわり技術"を採用することにより、他のアジやサバよりも高価格であっても、"高級（贅沢）感"という満足を顧客に与えて

表 4-9　顧客に対する win-win 構築の一例

		汎用 DRAM	関アジ、関サバ
技術開発前		集積度　　：64M ビット／チップ 価格　　　：5000 円／チップ チップ数　：400 チップ／ウェハ 売り上げ　：200 万円／ウェハ ビット単価：78 円／M ビット	仲買人に安く買いたたかれていた。 約 250 円／匹。
技術開発		微細化技術 （クリーン度と高機能化へのこだわり）	すべて一本釣り。 釣れた日別にいけすを管理。 鮮度を保つため手で触れず目分量で重量測定。 活けじめ。 特定の飲食店、販売店のみに限定。 （鮮度と高級感へのこだわり）
技術開発後		集積度　　：256M ビット／チップ 価格　　　：10000 円／チップ チップ数　：400 チップ／ウェハ 売り上げ　：400 万円／ウェハ ビット単価：39 円／M ビット	2500 円／匹（約 10 年で 10 倍）。 高価でも評価が良い。 同じ海域の岬（はな）アジ、岬サバの評価も向上。
win-win		（顧客にとっての win） ビット単価の低価格化。 　メモリ集積度増大によるシステム全体の高速化。 （製造業者にとっての win） 収益の増大。 　集積度を高めれば、チップ単価をさらに高くできる。	（顧客にとっての win） 鮮度が高く、おいしい。 食への安心感。 高級感を満喫。 （製造業者にとっての win） 収益の増大。 　鮮度向上のための技術開発と評価により、さらに高級感を打ち出せる。

いる。この場合には、舌で感じる本来の味以外に、"こだわり"や"高級だから旨い"という先入観も働いていると考えられる。味に対する客観的評価が困難であることを、逆に利用しているとも言える。当初の"こだわり技術"により、確かに旨いという味に対する多数の評価を獲得することがまず必要であるが、それ以降は、味にではなく"高級（贅沢）感"という顧客満足を獲得できるような"こだわり技術"を開発していくことにより、ベクトル要素「Win-Win」の指標値を大きくすることが可能になる。なぜなら、"高級（贅沢）

感"は、価格や"こだわり技術"の度合いとともに増大する心理的なものであり、味の場合に比べれば、顧客満足度が飽和し難いためである。前述した汎用DRAMとは技術分野はまったく異なるが、魚を宝石のように大事に扱う（DRAMなどのLSI製品も、その製造過程では宝石のように丁寧な取り扱いがされている）"こだわり技術"の継続的開発により、高価であってもそれを相殺するだけの顧客満足を実現し「Win-Win」市場を形成している点で同一である。一方、"高級（贅沢）感"という顧客満足を追求し、高級ブランドを定着させている例は、他の産業でもしばしば見られる。しかし、必ずしもそのすべてが継続的技術開発によるものとは限らず、プロモーションによる高級"イメージ"の維持のみで高価格を設定している場合もある。このプロモーション活動を技術に含めるか否かという議論は、"ものづくり"技術に必ずしも立脚していないブランド力を技術エレメントとして採用し得るかという議論にも関連してくるが、本書で言うベクトル要素「Win-Win」には、プロモーション活動のみによる"高級（贅沢）感"（顧客満足）の継続的高揚は含めないことにする。ただし、既に確立されている自社ブランドの波及効果については、ベクトル要素⑲「質的優位性」に含めて考えることができる。

　ベクトル要素「Win-Win」については、定量的な尺度というものはなく、また、企業や個人のアイデアや技術的蓄積などによってその判定が変わると考えられる。したがって、指標を実際に決める際には、主観的判断の割合が多くなる。したがって、表4-10に示したように、ベクトル要素「Win-Win」の指標値は、Win-Win関係が成立する場合を最大値の10、成立しない場合を最小値0として、その間の数値は成立する可能性の度合いに応じて主観的に決めることになる。

表4-10　ベクトル要素「Win-Win」の指標化

継続的技術開発による Win-Win 関係が成立するか	指標
成立する	10
⋮	⋮
成立しない	0

⑨ 産学(産産)連携

VISTAマップの網羅する領域が広くなり、また、技術エレメントが細分化されてくると、企業戦略の目利き精度は高くなり、技術連鎖の切れ目や弱い部分が浮かび上がってくる。この切れ目や弱い部分が著しく多い場合、あるいは、VISTAマップ上で自社技術から遠い位置にある場合には、個人や一企業の現有技術では対応できなくなる。このような場合には、その切れ目や弱い部分の技術連鎖を補完してくれるパートナー(大学や他企業)と連携することも、戦略の1つとして考えられる。ここで言うパートナーとは、単に資金援助や共同出資をしてくれるだけの相手ではなく、自社にとっては技術連鎖の切れ目や弱い部分に対して、太い技術連鎖ベクトルを有する相手である。産学連携あるいは新連携(産産連携)の本来の形である。あくまで技術連鎖が完結する見通しがあっての話であるが、このような産学連携や新連携に対しては、政府や地方自治体からの助成金も設立されており、これらを積極的に利用すること

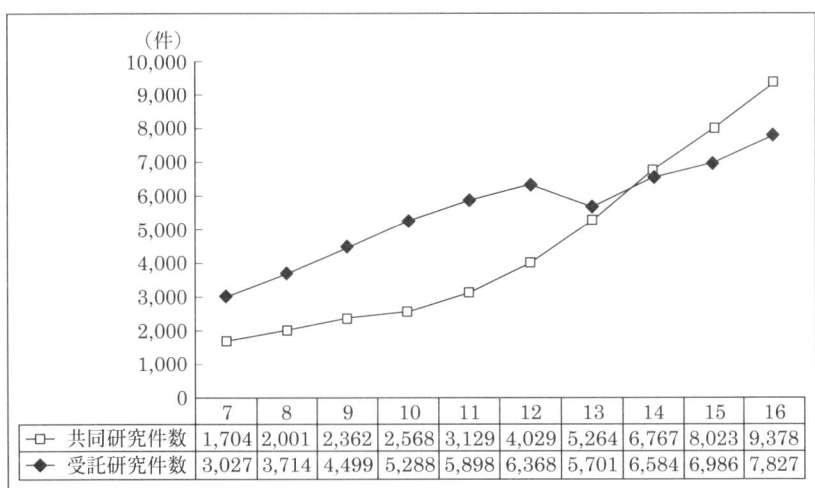

(件)

	7	8	9	10	11	12	13	14	15	16
共同研究件数	1,704	2,001	2,362	2,568	3,129	4,029	5,264	6,767	8,023	9,378
受託研究件数	3,027	3,714	4,499	5,288	5,898	6,368	5,701	6,584	6,986	7,827

注 1. 平成16年度における私立大学等の共同研究数は938件、公立大学等においては412件、全大学等の共同研究数は1万728件
2. 平成16年度における私立大学等の受託研究数は6,240件、公立大学等においては1,169件、全大学等の受託研究数は1万5,236件。なお、受託研究には治験、受託試験、病理組織検査は含まれない。

図4-10 共同研究・受託研究数の推移(国立大学法人など)
資料:文部科学省調べ[16]

により、資金面でも有利に戦略を策定することができる。図4-10に、文部科学省の「平成18年版科学技術白書」で報告されている大学が企業などから受けた共同研究、受託研究数の推移を示す[16]。ともに増加しているが、大学がテーマをいわゆる"丸抱え"する委託研究よりも、大学と企業が技術を補完し合う共同研究の方が、その増加の度合いは大きい。

　ベクトル要素「産学（産産）連携」の指標化については、表4-11に示すように、共同研究や委託研究のパートナーとなる大学や他企業が存在するのであれば、最大値10とし、無いのであれば最小値0とする。候補となる大学や企業を知っているが、パートナーとなってくれるか否かが不明であれば、指標値5としておけばよい。

表4-11　ベクトル要素「産学（産産）連携」の指標化

パートナーの有無	指標
有り	10
候補はあるが、パートナーとしての可能性は不明	5
無し、あるいは不明	0

3. 感性（VISTAのS：Sense）に関連した要素

　重要な意思決定は、理性と感性が同時に作用することにより行われる。技術開発は、科学に基づいた論理的思考により推進されるが、直感、閃き、偶然など現状では科学的記述が不可能な要素により、大きく前進することも多い。逆に、心理学などで「防御の心理」として知られている通り、人はグループ内での暗黙の了解や情報に従い、メンバー間に生成しつつあるコンセンサスを守ろうとする心理が働き、しばしば新しい意見を持ち出すことが難しくなる。場合によっては、グループシンクと呼ばれる集団的浅慮に陥る場合もある。このように、技術戦略を策定するためには、良くも悪くも感性の影響を無視することができない。したがって、技術連鎖ベクトルにおいても、経験、直感、上位概念、類推のような「感性」に基づくベクトル要素を導入する。

⑩ 経験

まず、ベクトル要素⑩の「経験」の定義と、同じく⑮「ノウハウ」、⑯「専門性（職人技）」の定義との相違を述べておかなければならない。表 4-12 にまとめたように、VISTA マップで言う「経験」とは、「一般に知られた技術であり、技術レベルも高くなく、誰にでもできる技術」の有無を意味する。これに対して、「ノウハウ」というのは、一般的には知られていない技術であって、ある特定の企業のみで採用されている技術ではあるが、技術レベルは高くない。このため、ノウハウは、その特定の企業が一般に公開すれば、どの企業でも容易に採用することができる技術である。また、「職人技、専門性」とは、「一般に知られているか否かに関わらず高度の熟練や才能を要し、特定の者にしかできない技術」であると定義する。

表 4-12　経験、ノウハウ、専門性の定義の相違

	技術の認知度	技術レベル
経験	一般的に知られている。	誰にでもできる
ノウハウ	一般的に知られていない。	誰にでもできる
専門性（職人技）	一般的に知られている場合と知られていない場合がある。	特定の者にしかできない（熟練や才能を要する）

例えば、ある技術について、文献や大学から学習しながら、自らが実施して現状技術をある程度フォローアップしたことがある場合には、「経験」はあるが「ノウハウ」や「職人技、専門性」を有するまでには至っていない。そのような実施経験の有無を、なぜあえてベクトル要素に取り入れたのか。その理由を、以下で述べる。

人間の脳機能を研究する数理モデルとして、ニューラル・ネットワークがある。その中でも、"教師"付き学習という数理モデルがある。ちょうど、上述した、「現状技術をフォローアップするために、文献や大学から学習する」ことに相当する。文献や大学が"教師"である。ニューラル・ネットワークの数理モデルが、どの程度まで実際の脳機能に類似しているかの厳密な議論は行わないが、"教師"付き学習という数理モデルでは、一般的に、初期の経験

第 4 章　技術連鎖ベクトル要素　77

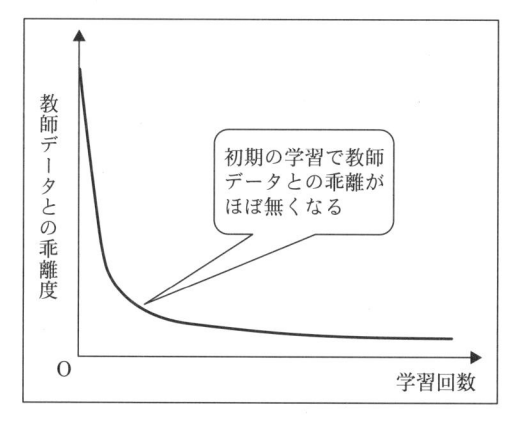

図4-11　ニューラル・ネットワークにおける学習曲線

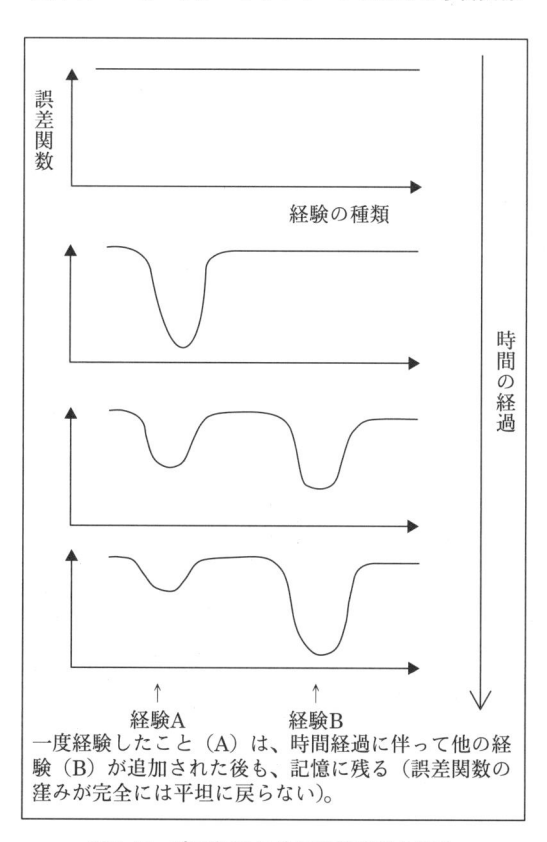

図4-12　時間経過に伴う誤差関数の変化

一度経験したこと（A）は、時間経過に伴って他の経験（B）が追加された後も、記憶に残る（誤差関数の窪みが完全には平坦に戻らない）。

("教師"付き学習)がその後の多数回の経験よりも影響力が極めて大きい[17]。この様子を、教師データとの乖離度を誤差関数値という指標を用いて概念的に示したのが、図 4-11 である。ある程度以上まで学習が進むと(経験回数が多くなると)、その後まったく異なる"教師"付き学習をしても(まったく異なる経験をしても)、当初に学習したこと(経験したこと)は記憶に残る。そして、記憶に残るということは、ニューラル・ネットワークの数理モデルで言えば、図 4-12 に示す様に、教師データとの誤差関数に極小部分(窪み)が存在することを意味しており、よく似た経験が新たに脳に入力された際に、その極小部分に取り込まれる(すなわち、極小部分に記憶された内容が想起される)可能性が生じる。もしも、当初から経験をまったくしていなければ、このような極小部分がそもそも形成されず、新たにどのような経験をしても何も想起しないか、あるいは、既に形成されている大きな窪み(極小部分)に常に取り込まれてしまい、その大きな窪みに対応した記憶を常に(固定的に)想起するだけで終わってしまう。したがって、早期に(ある技術分野での固定観念が形成される前に)さまざまな経験をしておく(図 4-12 で言うなら、浅い窪みをいくつも作っておくことに相当する)ことが、その後に同様の経験をしたときに、興味喚起を容易にし、固定観念に陥ることを抑制する上で重要であると考える。そして、この様な経験を技術連鎖ベクトルの一要素として、マップ上に描くことの必要性については、Leonard らがその著書の中で述べている次の文章で言い表されている。

> 経験を蓄積するとは、経験の分布図をつくることだ。(中略)経験のサンプルが増えれば、経験のレパートリー、すなわち、ある状況で使える経験のメニューが増える[1]

ところで、この"経験のメニュー"が増えれば、ベクトル要素⑪「直感」、⑫「上位概念」、⑬「類推」を助長できる可能性が高くなると考えられるが、だからと言って、経験が連続的にこれらに繋がる訳ではない。例えば、新聞、書籍、論文などから他人の知識(経験)を学習する場合を考えてみよう。これらは、さまざまな「経験」の形態の中で、メディアを通した間接的な経験というべきものである。新聞、書籍、論文などは、表 4-12 で定義した通り、一般的に

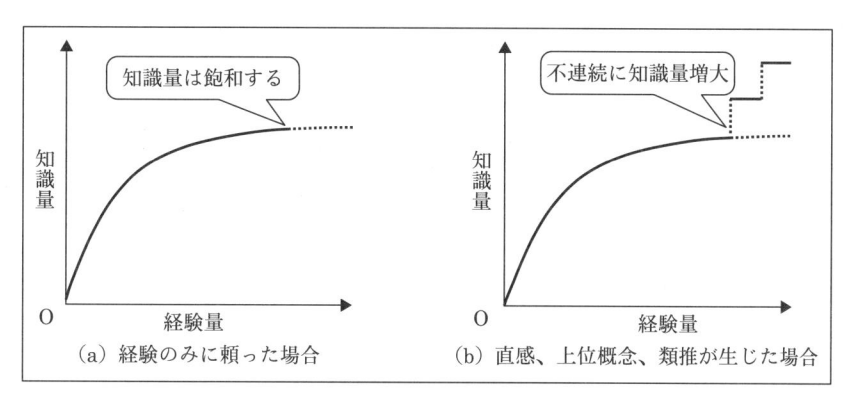

図4-13　経験回数と知識量との関係

知られていて誰にでも読むことできるものであり、したがって、これらを通した間接的な経験は、基本的には費やした時間に応じて増えていく。しかし、図4-13（a）に示すように、経験によって得られる知識量は、まったく関連知識のない（白紙の状態の）初期には急激に増大するが、ある程度まで経験が蓄積された後では、同種の経験を繰り返していたのでは知識量は飽和してしまう。しかし、図4-13（b）に示すように、何かのきっかけで不意に、直感や上位概念、類推が忽然と生じることにより、知識量は不連続的に急増する。この不連続に増加した知識こそが、独創性のある新技術に繋がるものであり、"知識"から"知恵"が生じたことになる。そして、不連続な知識量の急増を生じさせる確率は、さまざまな経験をしておく方が高くなるのである。

　ベクトル要素「経験」についても定量的な尺度というものはなく、その指標値は、表4-13に示した様に、十分に経験がある場合を最大値10、まったく経験がない場合を最小値0として、その間の数値は経験の度合いに応じて主観的に決める。

表4-13　ベクトル要素「経験」の指標化

経験の有無	指標
十分に経験がある	10
⋮	⋮
全く経験がない	0.0

⑪ 直感（閃き）

技術のブレークスルーにおいて、直感や閃きが重要な役割を担ってきたことは、過去の多くの事例で明白である。以下は、発明王エジソンが残した有名な言葉である。

Genius is 1% of inspiration, and 99% of perspiration.

「天才とは1％の閃きと99％の汗（努力）である」というように訳され、努力の重要性を強調する際に引用されることが多いが、これは、新聞記者によって編集されたものであり、実際には、エジソンは、以下の意味で言ったとのことである[18]。

1％の閃きがなければ、99％の努力は無駄である（1％の閃きさえあれば、99％の努力も苦にならない）

すなわち、むしろ直感や閃きの重要性を伝える言葉である。この正しい訳文からは、2つの重要性が読みとれる。1つは、直感や閃きの質に関する重要性であり、他の1つは、具体化していく上での駆動力の重要性である。前者については、何をもって質の高い直感や閃きと言うのかが問題になるが、本書では、VISTAマップ上において、連鎖の見通しの良い（後述する技術価値の高い）新たな技術連鎖や技術エレメントを創造することであると考える。従来から"筋の良い研究"という表現がよくされるが、まさに、その"筋の良さ"を視覚的、定量的に示すことが、VISTAマップの目的の1つである。また、後者の駆動力としての重要性は、逆に見れば、直感や閃きを具体化することが如何に大変であるかを意味する。具体化するために、資金調達や設備などの導入、夥しい調査と実験、さらには、生産コストや信頼性などの課題までをも含めると、肉体的、精神的疲労とも相まって、技術開発の途中でその意義に対して迷いを生じるときがある。そのときに拠り所となるのが、起点である直感や閃きへの思い入れである。自身の独創性の現れであり技術者としての存在価値を実感できる直感や閃きに、どれぐらい惚れ込んでいるか（自信があるか）で

ある。このことが、99％の努力の源であり強力な駆動力を生み出すことになる。

直感や閃きがどのようなときに生じやすいかについては、脳の神秘を感じさせる興味深い例が多い。例えば、旧ソ連の代表的な理論物理学者の Landau は、次のような言葉を残している[19]。

　　アイデアは、突然に、何気ないときにやってくる

さらに、何気ない偶然が直感や閃きに繋がった数多くの例の一部として、オムロンの自動改札機[20]と米国デュポン社のテフロン[21]に関する後日談を、以下に紹介しておく。

　オムロンが自動改札機を開発した際に、大きな技術課題となったのは、自動改札機内部での切符詰まりを如何にして解決するかであった。当初は、自動改札機内部での切符の搬送機構を、切符サイズに合わせた経路に沿って真っ直ぐに搬送するという設計思想で開発していたが、少し斜めに切符が挿入されたりすると切符が途中で引っ掛かってしまうという問題が続発した。そのために、自動改札機の傍には、常にオムロンの技術者が待機していたとのことである。この問題に頭を悩ませ続けた1人の技術者が、あるとき気分転換に散歩した際、何気なく川に流れる木の葉を見た瞬間に、問題解決のための閃きを得た。すなわち、木の葉が岩の間の細い隙間を流れる際に、左右の岩にぶつかりながら振動を繰り返して進んで行った。この様子を偶然に見て、切符サイズに合わせた経路に沿って真っ直ぐに搬送するというこれまでの設計思想とはまったく発想を変えて、切符の大きさに対して余裕を持たせた搬送経路にし、切符はその中を左右に小さく振動を繰り返しながら進むという機構を開発した。その結果、オムロンは、自動改札機において現在50％程度のシェアを有している。

　テフロン（R）の発見は失敗の中から生まれた。26歳のデュポンの化学者ロイ・プランケットは、新しい冷媒を研究中だった。テトラフルオロエチレンガス（TFT）を入れて一晩ドライアイスの上に置き、加圧した円筒の1つを開けて、彼は驚いた。何も出てこなかったのだ。逆さに引っくり返して振ってみると、白っぽい粉が床の上にふわふわ飛んだ。プランケットと助手は、その円筒を切り開いて、そこに一晩で自然に重合してしまったTFTを見た。「また一からやり直しか」と彼はぼやいた。しかしその時、化学者としての直感が閃いた。そして、その物質について調べた結果、極めて異常な特徴に気がついた。重合したTFTは、どんな溶剤にも、最も強い酸にすら反応したり融けたりしなかった。（中略）そして、大々的なマーケティン

グ・キャンペーンにより「テフロン（R）」は誰もがよく知っている「焦げつかない調理器具」の代名詞にまでなった。今ではテフロン（R）は、ワイヤーやケーブルの絶縁から、製造が困難な医薬品の生産に使用する特異な構成の配管に至るまで何百という用途において利用されている。

オムロンやデュポンの例からも窺えるように、直感は、悩み抜いた末に何かの偶然で突然に湧き起こるものである。ここで着目すべきは、「悩み抜いた末に」という条件が付く点である。悩んでいる間に、無意識の内に脳内でVISTAマップが構築されていることが何よりも必要である。悩んでいる最中には、VISTAマップの狭い領域を"虫の眼"的に見ているが、気分転換している何気ないときや予期せぬ偶然に遭遇したときには、無意識にVISTAマップのより広い領域を"鳥の眼"的に俯瞰していると思われる。その結果、それまでには考えられなかった技術連鎖ベクトルが、無意識の内に突然見通すことができたと考えられる。しかし、科学的根拠がある訳ではなく、直感などのいわゆる第六感について、これ以上議論するつもりはない。確かなことは、高精度の技術戦略を策定する上においては、この直感を重視しなければならないことである。

直感そのものは、言語や図式では説明し得ない。直感を働かせた人に対して、「如何にして直感が閃いたのか？」と尋ねても、論理的説明を期待できない。「推論」ではなく「直感」と言われる所以である。VISTAマップにおいても、直感そのものを論理的に言語や図式で表示しようとするものではない。しかし、直感により"繋がる"と閃いた技術連鎖を記述することは可能である。したがって、直感で技術連鎖可能と閃いたときは、ベクトル要素の直感には、指標値としての最高の値を付けておくべきである。すなわち、ベクトル要素「直感」の指標値は、表4-14に示したように、最大値10か最小値0のいずれかの値しかとらない。

表4-14　ベクトル要素「直感」の指標化

評価	指標
直感的にできると思う	10.0
直感的にだめだと思う	0.0

⑫ 上位概念

　一般に、論理展開の基本パターンとして、演繹、帰納、仮説推定、類推の4つが挙げられる。この中で、「仮説推定」については、仮説の設定、仮説立証の条件抽出、情報収集、立証の判定という作業が必要になり、むしろ、VISTAマップの目的そのものの1つであることから、ベクトル要素の対象から外す。本来、「上位概念」とは、上述した4つの基本パターンの内の「演繹」に相当し、下記の「三段論法」により導き出されるCに相当する。

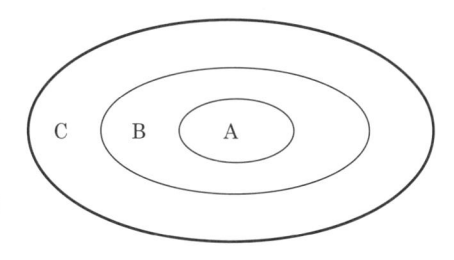

図4-14　完全な上位下位関係

　「A→B（AならばBである）であり、さらにB→CであるときにはA→C」
このことを、図で描くと図4-14のようになる。すなわち、

　「AがBに含まれており、さらにBがCに含まれているときには、AはCに含まれる」
別の表現をすれば、

　「BがAの上位概念であり、さらにCがBの上位概念であるときには、CはAの上位概念である」
と言うこともできる。例えば、

　　　　　①：「シリコン単結晶は半導体である」
　　　　　②：「半導体は電子材料である」
したがって、
　　　　　③：「シリコン単結晶は電子材料である」
しかし、逆は成立しない。すなわち、
　　　　　①'：「半導体とはシリコン単結晶のことである」
　　　　　②'：「電子材料とは半導体のことである」
　　　　　③'：「電子材料とはシリコン単結晶のことである」
は、いずれも間違いである。なぜなら、半導体には、シリコン単結晶以外に化合物や有機物などがあり、半導体と言えば必ずシリコン単結晶を意味するもの

ではなく、①'は間違いである。同様に、電子材料には、半導体以外に導電体や絶縁体があるので、②'は間違っており、また、電子材料にも、シリコン単結晶以外に化合物、有機物、金属（導電体の1つ）、酸化シリコン（絶縁体の1つ）などがあり、③'も間違っている。このことは、図4-14のA、B、Cの包含関係を見ても明らかであり、例えば、Aには含まれないがBには含まれる部分が存在しており、したがって、A→BであってもB→Aではない（数学的な表現をすれば、BはAの必要条件ではあるが十分条件ではない。また、特殊な場合として、Aの領域とBの領域が完全に重なる場合が考えられるが、この場合には、AとBの間で上位下位の関係はなく、AとBはまったく同じであることになり、A=Bと表記する）。以上が、「演繹」による論理展開である。

しかし、数学の場合と異なり言葉による表現では、厳密には図4-14のような完全な上位下位関係にならない場合も多く、極端な場合、図4-15のような関係も起こり得る。それにも関わらず、演繹"的"（上位概念"的"）な視点での技術分類が従来から行われてきており、本書でも技術連鎖ベクトル要素として上位概念を採用した。したがって、本節で言うところの「上位概念」とは、図4-15のような関係も許容していることになる。むしろ、図4-14のように完全な上位下位関係にある場合は、A、B、Cの関係が至極当然である場合が多く、他のベクトル要素が意味を成さなくなり、したがって、A、B、Cを相互に技術連鎖ベクトルで連鎖させる意味がなくなる。すなわち、「上位概念」により新たな技術エレメントを抽出・創出する際には、本章で述べる20個のベクトル要素の内、少なくとも2つ以上が意味を成すことが条件になる。さらに、上位概念と同様に、メタファーやオントロジー（存在論、分類体系）等に基づく技術エレメントも考えられるが、この場合も、2つ以上のベクトル要素が意味を成すことが条件になる。

図4-16に、上位概念を介したVISTAマップの一例を示す。この例は、既成事実となってし

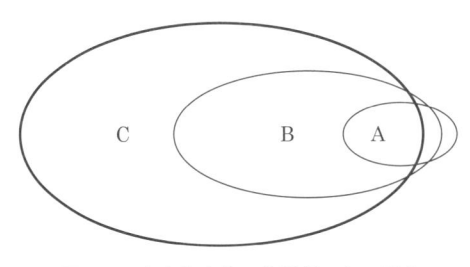

図4-15 完全な上位下位関係にない場合

まっているが、ジーンズのファッション化に関するものである。ジーンズは、19世紀に米国の炭坑夫が着ていたものであり、作業服以外の何物でもなかったが、1960年頃から若者の象徴のような感覚で世界に広がった。しかし、この時でも、むしろ実用性を重視したファッションであり普段着のイメージが強く、今日のような高級ブランド化の傾向はなかった。また、当時は、アパレル産業に限らず、ファッションといっても、特定の色や形のトレンドが先行しており、それにリードされながらの画一的なファッションであり、今日のような、個人レベルで多種多様な個性を追求するファッションとは異なっている。したがって、図4-16に示したように、従来は、デニム加工製品としてのジーンズの長所と短所であった"破れ難い""色褪せしやすい"という特徴により、大衆向けの画一的な作業服や実用衣料であることを意識して製造されていた。しかし、ここで、服の破れや色褪せを、個人の使用環境や使用履歴に基づく"個性"という観点で見れば、今日におけるジーンズの高級ブランド化の傾向が理解できる。以前からも、購入した直後の真新しいジーンズを着ることを嫌い、

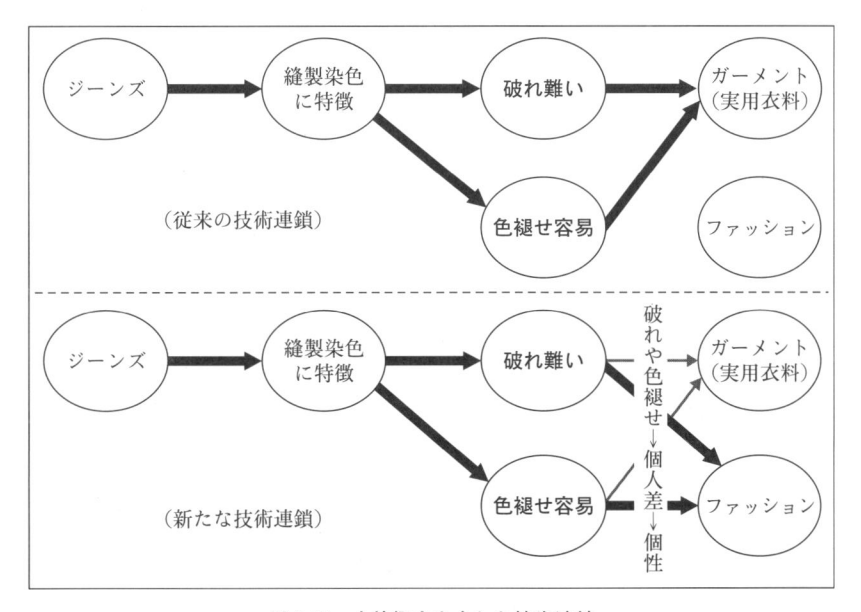

図4-16　上位概念を介した技術連鎖

意図的に汚してから着用する若者がいたが、このような若者の個性化嗜好とデニムの経糸がなか白であることに着眼して、今日のダメージ加工を施したジーンズをブランド化した点に、欧米の技術戦略に一日の長を感じる。ちなみに、この技術戦略により、国内需要が飽和していたデニム市場において、染色技術やダメージ加工等の高い技術力を有していた、例えば、岡山県倉敷市児島地区などの地場産業が、再び活性化している。

図4-16においては、ジーンズの"破れ"や"色褪せ"に対して、"個性"が1つの上位概念になっている。このような上位概念を、技術連鎖ベクトルの要素にどのように取り入れるかであるが、上位概念により技術連鎖ができたときは、ベクトル要素である上位概念の指標値として、最大値10を付けておくべきである。したがって、ベクトル要素としての上位概念の指標値は、表4-15に示すように、最大値10か最小値0のいずれかの値しかとり得ない。

表4-15　ベクトル要素「上位概念」の指標化

評価	指標
概念上の上位下位の関係が成り立つ	10.0
概念上の上位下位の関係が成り立たない	0.0

⑬　類推

「類推」は、⑫上位概念でも述べた通り、論理展開の4つの基本パターンの1つである。フリー百科事典「ウィキペディア（Wikipedia）」の定義では、

> 類推は、特定の事物に基づく情報を他の特定の事物へ、それらの間の何らかの類似に基づいて適用する認知過程である。（中略）類推は閃きの要素が強いので、狭義には 演繹や帰納と分けて考えられる。しかし広義には、現実を見て仮説を導くことや原因推定する点で、帰納の一部だと言える。

本書では、閃きに関しては、⑪「直感（閃き）」でベクトル要素として採用している。人によっては「直感（閃き）」と「類推」を同じものとして扱う見方もされているが、本書では、「類推」とは何らかの技術的類似性に基づいているものであり、類似性判断という左脳的働きがあると考えており、類似性の

有無に関係なく右脳的働きで突然に生じる「直感（閃き）」とは区別する。もう少し雑に言えば、「直感（閃き）」とは、記憶想起とは関係なく突発的に生じるものであり、「類推」とは、記憶と対話しながら少なくともその問題について考えているときに生じるものである。したがって、本書で言う「類推」とは、類似した記憶に基づいた帰納的推論であると定義できる。さらに、帰納的推論とは、さまざまな事例や事実をもとに仮説を立て、（個々の事例に適用した際の）真偽を判定する（証明する）思考方法であると定義する。すなわち、

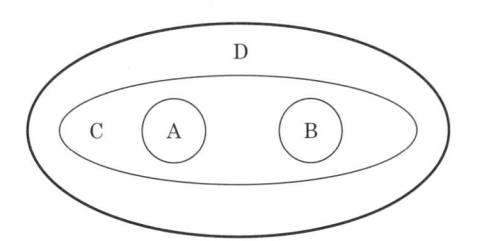

（a）帰納的推論が成り立つ場合

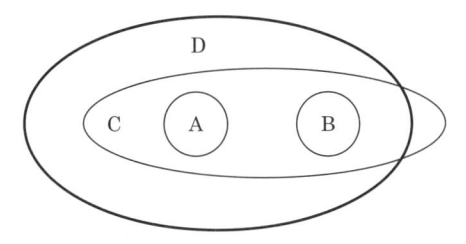

（b）帰納的推論が成り立たない場合

図4-17　帰納的推論

「A→CかつB→Cのときに、A→DかつB→Dも成立するのであれば、C→Dも成り立つのでは？」と推論するのが帰納的推論であり、この推論が成立することが証明されれば、図4-17（a）に示す包含関係になる。図4-17（a）を文章で表現すれば、

「AとBがCに含まれるときに、AとBがDにも含まれるのであれば、CはDに含まれるのでは？」ということになる。例えば、

　　　　　「Fe（鉄）は金属である」
　　　　　「Cu（銅）は金属である」
　　　　　「Fe（鉄）は高温で溶解する」
　　　　　「Cu（銅）は高温で溶解する」

という個々の事実が、実験により明らかになった場合に、

　　　　　「金属は高温で溶解する」

という推論が可能になる。そして、この推論が正しいという前提で、

　　　　　「Ga（ガリウム）も金属であるから、Gaも高温で溶解する」

という類推が成り立つ。この時点で、図4-18に示すように、"Fe"、"Cu"、"Ga"、"溶解（高温）技術"を技術エレメントとする技術連鎖ベクトルが描ける。図4-18では、"Fe"、"Cu"から"溶解（高温）技術"に向かう技術連鎖ベクトル要素「類推」の指標値は0であるが、"Ga"から"溶解（高温）技術"に向かうベクトル要素「類推」の指標値は10ということになる。

一方、帰納による論理展開では、図4-17（b）のように、誤りに陥る場合もある。例えば、

「Au（金）は金属である」
「Ag（銀）は金属である」
「Au（金）は人の体温では溶解しない」
「Ag（銀）は人の体温では溶解しない」

という個々の事実から、

「金属は人の体温では溶解しない」

と推論し、この推論に基づいて、

「Ga（ガリウム）も金属であるから、Gaも人の体温では溶解しない」

という類推ができる。しかし、この類推は、実際には誤りである。なぜなら、Ga（ガリウム）の融点は約30℃であり、人の体温（36℃）で溶解する。その結果、図4-19において、"Ga"から例えば"手工芸品"に向かう技術連鎖ベクトルは、実際には連鎖しない可能性が高い（なぜなら、体温で溶解する金属で作った手工芸品というものは、作るときも身に付けるときも問題が多く考え

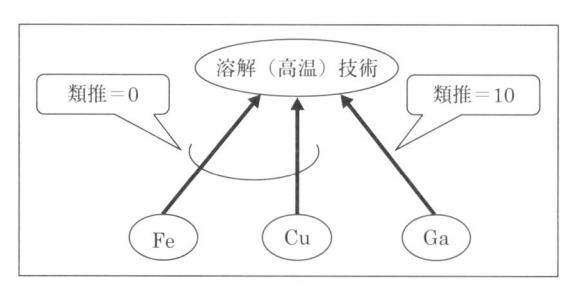

図4-18　帰納的推論に基づく類推
（各ベクトルの太さと濃淡の相違は無視）

難い)。しかし、類推を行った時点では、Gaの融点が約30℃であることを知らないのであるから、図4-19のようなことは起こる可能性が高い。VISTAマップでは、ベクトル要素「類推」に基づくこのような誤りをあえて許容している。このことは、間違った技術連鎖を許容することになり一見危険に思えるが、類推が間違っているのであれば、他のベクトル要素の指標は当然に0かそれに近い値になるため、結局、技術連鎖ベクトルの大きさ（太さ）も著しく小さくなり、VISTAマップ全体から見れば矛盾は生じない。

このように、帰納的推論に基づく類推は、（数学的帰納法に基づく場合を除いて）必ずしも正しいとは言えないが、帰納的思考はよく用いられている。分野に依らずその草創期には、最初のいくつかの類推を得るための思考として、「帰納」的思考に頼らざるを得ない場合が多い。

ベクトル要素「類推」の指標値は、表4-16に示すように、最大値10か最小値0のいずれかの値を取る。

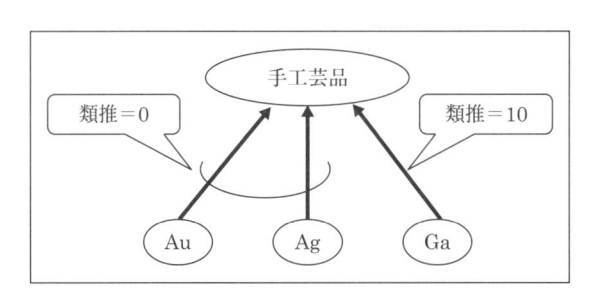

図4-19　間違った類推による技術連鎖
（各ベクトルの太さと濃淡の相違は無視）

表4-16　ベクトル要素「類推」の指標化

評価	指標
類推により抽出した技術連鎖	10.0
類推に依らない技術連鎖	0.0

4. 技能（VISTA の T：Technique）に関連した要素

　企業が自社分析を行う際には、おそらく、自社の「専門性（職人技）」とは何か、あるいは、「ノウハウ」と言える技術があるかを、真っ先に考えるのではないだろうか。すなわち、「専門性（職人技）」や「ノウハウ」は、企業が技術戦略を策定する上での拠り所となっており、特に資金力や人員面で劣る中小企業で、その傾向が強い。また、「理論」については、情報に関連した要素として本章第 2 節で取り上げることも考えられるが、理論の場合には、あくまで仮定も含めての考察の域を出ていないものも多く、本章第 2 節で掲げられている要素と比べて、必ずしも信頼性が高いとは言えない。また、多くの場合、理論を構築し考察を行う作業は、高度な専門技術の裏付けを必要とする場合が多く、この意味でも本節で取り上げる。

⑭　理論

　原理が充分に理解され理論計算手法の構築が進んでいると、設計値や性能限界などをあらかじめ把握した上で技術開発していくことが可能であり、時間的にも経済的にも無駄を小さくできる。

　真の意味での技術の"目利き"を行うためには、可能な限り理論的考察を加えるべきである。特に、VISTA マップ上で離れた位置にある技術エレメント間の連鎖を考える場合には、情報など客観性の高いデータがなく、情報に基づくベクトル要素が小さくなると考えられる。このような場合には、相対的に理論面からの考察が重要になってくるが、一般に企業では理論考察に人員を投入する余裕のない場合が多く、大学などの専門機関に依存する傾向が強い。

　大学の研究者などからのヒアリングを通して理論考察を得た場合のベクトル要素「理論」の指標化は、表 4-17 に示すように、感覚的なものであり単純である。例えば、ある技術エレメントを用いて他の技術エレメントを開発することに関して、「理論的に可能」と研究者が考察し、かつ、その研究者の言葉を「信頼できる」と"感じた"ときは、指標値を最大値 10 とし、「理論的に不

表 4-17　ベクトル要素「理論」の指標化

評価	指標
信頼できる研究者が「理論的に可能」と判断	10.0
⋮	⋮
信頼できる研究者が「理論的に不可能」と判断	0.0

可能」と考察したのであれば最小値 0 とする。

　その中で、多くの場合がそうであるように、「信頼できる」研究者が、条件付きで「理論的に可能」と考察したとき、その条件は、新たな技術エレメントと見ることができる。例えば、技術エレメント A を用いて技術エレメント Z を開発する場合に、条件として技術エレメント B が付加されたとすれば、B を介して A → B → Z という連鎖が描けることになる。例えば、信頼できる経済学者が、「家庭からのポリエステル繊維製品の回収率が 50% になれば、繊維リサイクルは経済的に成り立つ」と言った場合には、図 4-20 に示すように、VISTA マップ中の「ポリエステル」と「繊維リサイクル産業」の技術エレメントの間に「回収率50%」という技術エレメントを新たに設け、「回収率50%」と「繊維リサイクル産業」の技術エレメント間を繋ぐ技術連鎖ベクトルの要素「理論」を 10 にする。「ポリエステル」と「回収率50%」の技術エレメント間は、回収率 50% の達成可能性に関する理論的情報がないのであれば、この間のベクトル要素「理論」は 0 にする。また、「信頼できない」経済学者が、「ファスナーがポリエステルで製造できれば、繊維リサイクルは経済的に成り立つ」と言った場合には、図 4-20 中に、「ファスナーのポリエステル化」という技術エレメントを記載し、「繊維リサイクル産業」の技術エレメントとの間は、例えばベクトル要素「理論」が 3〜5 程度の技術連鎖ベクトルで連鎖させればよい。

　研究者に対する信頼度は、評判や感性という曖昧さが含まれる。しかし、既述したように、このような曖昧さについては、VISTA マップ全体を俯瞰して企業戦略を考えた後に、この部分の技術連鎖にターゲットを絞ることになってから再考するべきであって、当初から厳密に考える必要はない。VISTA マッ

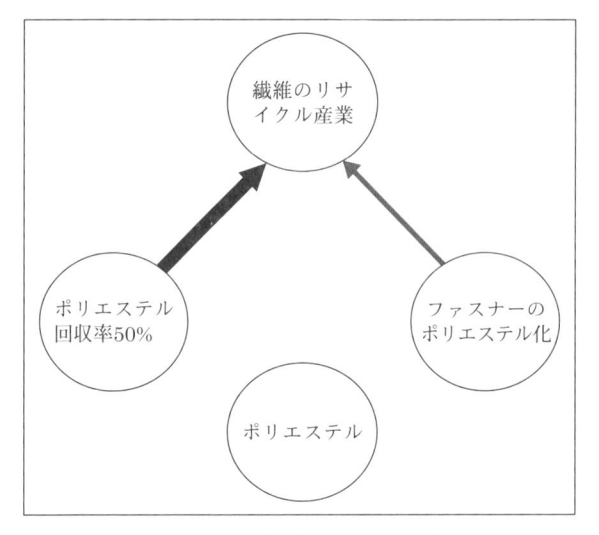

図4-20　理論に基づくVISTAマップの例

プ全体を俯瞰することなく、いきなり局所的な1つの技術連鎖ベクトルのみに焦点を絞ることは、あたかもマーケットを無視して技術者の思い込みで技術開発を始めることと同じである。

⑮　ノウハウ

「ノウハウ」というのは、「⑩経験」でも述べたように、一般的には知られていない技術であるが、模倣がしやすいという意味で技術レベルは高くない。すなわち、ノウハウは、一度でも一般に公開すれば、どの企業でも容易に採用することができる技術である。したがって、ある特定の企業が製造技術に関するノウハウを有している場合、たとえ知的財産権を取得できる内容であっても、他社による権利侵害が発生した場合の証明が難しい内容であれば、その企業はあえて権利取得をしない場合が多い。例えば、半導体産業における洗浄（エッチング）方法や装置の配置方法などは、その好例であろう。半導体ウェハ表面には鏡面研磨による歪みや欠陥が導入されているために、半導体ウェハ表面に集積回路などを微細加工により形成する際には、通常、化学エッチングにより表面から歪みや欠陥を除去する。ただし、エッチング後の半導体ウェハ表面の

平坦性と鏡面状態は、鏡面研磨直後と同程度以上であることが絶対条件である。表面から歪みや欠陥を完全に除去するために、表面からのエッチング量を多くすると、表面の平坦性が低下し、場合によっては鏡面状態も低下する。エッチング速度やエッチング後の表面状態は、エッチング液の種類、混合比、温度、時間、攪拌の有無などに大きく依存する。これらのパラメータの組み合わせの多さを考えれば、上記のエッチング量と表面状態の両方を満たすための最適条件（パラメータの最適な組み合わせ）を抽出するには、かなりの労力と時間が必要になる。しかし、一旦、最適条件が抽出されれば、それに習って実行することは、それほど難しいことではなく熟練も要しない。このようなノウハウは、ルーチン化されることにより、その企業内では、一見、何の特徴もない技術になっていても、同分野の競合他社に対しては、強力な差別化技術になる。以上のように、開発した企業にとっては、大切な差別化技術であっても、これを知的財産権として権利化することは、実質的には意味がない。なぜなら、エッチング技術の例で言えば、苦労して開発したエッチング技術を知的財産化するために特許出願した場合、現行の国内特許法では1年6か月後に出願公開されるため、競合他社にも知られてしまう。上述したように、ノウハウは一度知ってしまえばそれを実行することが容易であるため、仮に、競合他社が出願公開された特許明細書に習ってその技術を意図的に自社技術に取り込んだとしよう。これは、明らかに故意による権利侵害であるが、実際には、侵害訴訟を起こすことが困難である。故意に侵害してくるような企業であれば、自社のエッチング技術を公表するはずがなく、したがって、文献などでは知ることができず、さらに、侵害した企業の最終製品である集積回路を見ても、もはや工程の初期段階であるウェハエッチングをどのような条件で行ったかを推測す

表 4-18　ベクトル要素「ノウハウ」の指標化

評価	指標
強力なノウハウがある	10.0
⋮	⋮
ノウハウがない	0.0

ることが、技術的にまったく不可能である。以上のことから、一般に、ノウハウについては、あえて知的財産権の取得をしない場合が多い。

ベクトル要素「ノウハウ」の指標化は、ノウハウと言える自信の度合いにより行い、表4-18に示したように、主観的に行う。

⑯ 専門性（職人技）

Utterbackがその著書の中で、イノベーションのダイナミクスを論じているが、工程イノベーションについては、製品イノベーションの発生率が減少するにつれて増大していき、これまでは熟練者による職人技と言える技能であったものが、やがては、一般労働者による通常操作が可能な装置に取って代わられることになると言っている[12]。しかし、職人技は、特に規模の小さな企業では、差別化を目的とする戦略の中枢になる場合も多い。したがって、一般に"職人技"と呼ばれるマニュアル化や文章化が難しい技術についても、技術連鎖ベクトル要素として取り上げる必要がある。

職人技という言葉からは"ものづくり"などの技能職をイメージしがちであるが、高度な知識や知恵などを有する専門職をも含めて広義に表現した"専門性"という見方になると、その評価は感覚的なものにならざるを得ない。例えば、通常、企業内においては、自社の技術者が専門家であるか否かを評価する際、業績という結果のみで評価され、結果の成否に関わらずその結果に至るまでのプロセスは軽視される傾向が強い。地道な努力の後の結果なのか、単に偶然や幸運の賜物であったのかなどは、評価されない場合が多い。VISTAマップにおいても、同様の考え方である。すなわち、ベクトル要素⑪「直感」のところでも述べたように、偶然や幸運を業績に結び付けるためには、頭の中に技術連鎖が既に形成されていることが必要であるという考え方をする。例えば、勤務時間や報告書回覧、会議開催などの数が少なくて努力したプロセスが見られないにも関わらず、偶然や幸運によってある事象に接したことにより技術成果に結びついた場合、その成果の基礎には技術者の専門性があったと考える。したがって、対象としている技術連鎖に関して、その企業において過去に、技術成果が出ているのであれば、その技術連鎖ベクトルのベクトル要素「専門性

（職人技）」の指標は、最高値 10 とする。このように、過去の業績で専門性を評価することは、企業単位あるいは比較的大きな技術開発部門単位では可能である。しかし、専門性の高さを業績で評価することじたいが、難しい場合も多い。特に、技術開発では開発テーマを小さなグループ間で分担して行うことが多く、分担したテーマに応じて技術課題も異なるために、同じ基準での業績評価は基本的に不可能である。業績で専門性の有無を計ることができない場合、専門性の有無の判断は、その技術や業務に関する知恵の期待度にすり替えて行われることになる。その底辺には、Leonard らが言う Deep Smart（邦訳版では、「経験知」と訳されている）の考え方がある。Leonard らは、その著書の中で、次のように述べている[1]。

> 本書で特に焦点を当てる（Deep Smart のこと）のは、専門誌などで最も既述しにくい知識、すなわち、長年の経験を通じて築かれて、人間とその脳にしか蓄えられない知識だ。この種の知識は、最も管理しにくい半面、最も大切な知識である。

さらに、次のようにも述べている。

> 私たちは自分で思っているほど、自分の頭でものを考えていない。（中略）Deep Smart の一部は、なんらかのお手本をまねすることで築かれる。しかし、その直接かつ大量の知識移転が行われないと、お手本と同レベルの成功を手にできるだけの Deep Smart はまず獲得できない。

すなわち、ベクトル要素「専門性」が意味するところは、Leonard らが言う Deep Smart の 1 つである技術的「知恵」であり、単なる「経験」（ベクトル要素⑩）によって得られる「知識」に比べてより深遠なものであり、未知の技術課題に遭遇した際にそれを解決するための知恵を期待できる度合いである。まさに、Leonard らが言うように、記述しにくいものである。図 4-13 で言うなら、ベクトル要素⑩「経験」で言うところの初期学習で得られる程度の知識ではなく、直感、類推などによってしか得られない不連続な知識量の急増（図 4-13（b））を引き起こす程の経験の深さを意味する。そして、ベクトル要素「専門性（職人技）」の指標化は、表 4-19 に示すように、知恵への期待度を感覚的に数値化したものになる。

表 4-19　ベクトル要素「専門性（職人技）」の指標化

評価	指標
知恵を期待できるほどの専門性（職人技）を有する	10.0
⋮	⋮
専門性（職人技）と言えるものを有していない、または、必要でない	0.0

5.　能力（VISTA の A：Ability）に関連した要素

「熱意」「コスト優位性」「質的優位性」「保有設備・体制」は、技術そのものに直接影響する要素ではないが、技術戦略を策定する際には影響が大きい。特に、自社技術に関して拠り所となる強力な「専門性」や「ノウハウ」を有していない企業にとっては、これらが拠り所となる。

⑰　熱意

技術ブレークスルーには担当者の熱意が不可欠という表現をすれば、誰もが認めることから考えても、技術連鎖ベクトル要素として「熱意」を取り入れるべきである。「担当者の熱意に賭ける」という言葉があるように、熱意の指標が高ければ、他の要素の指標が低くても連鎖可能と考える（担当者を信頼する）場合もある。しかし、一方で、担当者という要素は人員配置の問題でもあって、技術連鎖思考による"戦略"が決まった後に、適材適所を考えるべきであるという見方もできる。すなわち、技術連鎖思考を行った結果、連鎖の弱い部分が抽出でき、会社としてその連鎖部分を強化するために「熱意のある人材に担当させる」という"戦術"をとる場合がある。この場合には、技術連鎖ベクトル要素として、熱意を取り上げるべきではない。人員配置を戦略として考えるか、あるいは戦術として考えるかという会社のポリシーに帰結する。

熱意をベクトル要素として指標化する場合には、技術連鎖思考に基づく戦略を策定する者が、各担当者の熱意（仕事をやり通すことに関する信頼度）を評価することになる。そして、熱意の度合いに応じて 0 ～ 10 の範囲で、感覚

表4-20　ベクトル要素「熱意」の指標化

経験の有無	指標
十分に熱意がある	10
⋮	⋮
全く熱意がない	0.0

的に指標化を行う。また、熱意をベクトル要素として取り入れない場合には、後述するベクトル要素の重み付けを0にする。

⑱ 技術的コスト優位性

　一般的にコストを決定する要因としてさまざまなものがある。人件費、間接経費、流通経費、原材料費など、それぞれについて数値化することはできるが、技術的に優位に立てるか否かを見極めることは、一般には困難である場合が多い。第2章1節でも述べたように、VISTAマップの目的とするところは、フィージビリティ・スタディ以前の段階におけるアイデア段階やコンセプト化段階での評価、特に、開発フェーズが最終市場や最終製品から遠い事業に特化している中小企業や下請け企業への適用である。すなわち、厳密なコスト見積もりが困難な状況を想定している。また、第2章5節で述べた財務的分割の目的は、技術エレメント間の相対的優劣を比較することであり、そのための必要最小限の財務指標のみが分かればよい。例えば、人件費（各技術連鎖の実現にかかるマンパワー）や装置の減価償却費（各技術エレメントでの使用時間に応じた比例配分）、消耗品（原材料費などの内、高価なもののみでよい）程度の、担当技術者が容易に算定することのできる財務指標のみで、現目的には十分である。ただし、人件費については、大きく見れば国や地域間の格差のように技術以外の要因も影響しており（例えば、人件費の安い国と比較すれば、あらゆる技術連鎖でコスト優位性が0になる）、したがって、マクロ的には同一水準での人件費（賃金ではなくマンパワー）を対象にする。言い換えれば、対象としている技術連鎖が、どの程度まで労働集約的であるのかを考えることにする。

　上述した程度の技術的コストの見積もりは、自分の担当技術の範囲内であ

表 4-21　ベクトル要素「技術的コスト優位性」の指標化

評価	指標
技術的コスト優位性がある	10
⋮	⋮
技術的コスト優位性はない、あるいは不明。	0.0

れば、財務担当者に依らずとも各担当技術者で容易に行うことができる。したがって、自社技術の範囲内であれば、その技術に関わる人件費や減価償却費などの項目を独自に決めて、定量的に技術的コストを比較し、表 4-21 に示すように、0 ～ 10 の範囲でベクトル要素として指標化が可能になる。

　第 2 章 5 節で述べたように、技術分割には、技術的分割と財務的分割が必要であり、技術的分割を財務的分割よりも優先する。したがって、財務的優位性は、技術的分割によって必然的に決まる。しかし、技術的分割によって抽出した技術エレメントが業務範囲外の分野や未知の分野である場合には、たとえ技術的な面のみのコストであっても、見積もりが難しくなる。その結果、技術連鎖ベクトル要素としての技術的コストの指標化は、業務範囲とその近傍の技術エレメントについては可能であるが、業務範囲から離れた技術エレメントについてはできなくなる。すなわち、その企業にとってまったく新しい技術分野については、技術的コストの優位性に関しては不明となり、結局、この場合には、指標としては 0 を入力することにする。

　このように、ベクトル要素「技術的コスト優位性」が 0 ではない技術連鎖ベクトルは、自社技術に強く関連した技術領域のみに限定されることになるが、これは、ベクトル要素「市場規模」の場合（図 4-1）とは、ちょうど逆の傾向である。図 4-21 は、この様子を、技術的コスト優位性のみを要素とする技術連鎖ベクトルを用いて、概念的に示したものである。図 4-1 と図 4-21 を比較すると、技術連鎖ベクトルの偏っている領域は異なるが、不均一である点では共通している。したがって、ベクトル要素「市場規模」の場合と同じ考え方ができ、図 4-21 の場合にも、不均一な VISTA マップをそのまま許容する。技術的コスト優位性に基づく技術連鎖思考では、自社が関わる技術エレメントを起

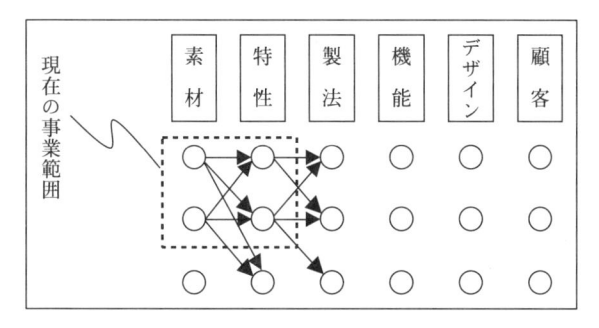

図4-21 技術的コスト優位性のみを要素とした場合の
VISTAマップの概念図
（各ベクトルの太さと濃淡の相違は無視）

点にして、新しい技術エレメントを抽出しながら、少しずつ未経験の領域に向かって技術連鎖を広げていくことになる。

⑲ 質的優位性

ここで言う「質」とは、例えば、ブランド力、顧客のスイッチングコストの高さ、伝統、企業規模など、個々の技術には直接関係がなく、その企業全体を対象にしたものである。したがって、技術開発担当者による短期間の調査や開発で新たに認識したり創出できるものではなく、あるいは、技術戦略会議をすれば新たに見えてくるものでもない。ただし、個々の技術には関係しないとは言っても、例えば、自動車メーカーが住宅産業に進出することを考えた場合に、自動車に関しては高いブランド力を有しているが住宅に関しては既存の住宅メーカーを凌ぐほどの力を有していない企業Aもあれば、現実に、トヨタグループのように、「クルマ造りで培ったトヨタグループの技術力を結集した先進の家づくり」[22]を標榜して、トヨタというブランド力、伝統、社会的信用に基づいて進出してきた企業もある。この場合、上述の自動車メーカーAの技術連鎖ベクトル要素「質的優位性」は、自動車関連分野では高い指標であっても住宅関連分野では低いのに対して、トヨタの場合であれば、住宅関連分野においても技術戦略策定段階から高い指標値を期待できる。

ここでは、質的優位性を、個々の技術には直接関係がなく、その企業全体を

表 4-22　ベクトル要素「質的優位性」の指標化

評価	指標
質的優位性がある	10
⋮	⋮
質的優位性はない、あるいは不明。	0.0

対象にしたものとだけ定義しており、上述したブランド力など以外にも、例えば、ISO 9000 関連（品質保証をはじめとする顧客満足の維持管理について）、ISO 14000 関連（環境への排出や資源削減などの環境負荷管理について）などの認証取得なども考えられ、厳密な定義は行っていない。すなわち、特に内容は限定せずに、企業全体に対する高い社会的評価があり、さらに、その高い評価が活用できると考えられる技術連鎖ベクトルであれば、ベクトル要素「質的優位性」を 1 〜 10 の範囲で指標化する。

⑳　保有設備、体制

一般に企業においては、保有設備や体制は、明確な技術戦略と戦術に基づいて導入、構築されるものであり、図 2-1 で述べたアイデア抽出やコンセプト化の段階では、そのための新規設備の導入や専門の開発チームといったものは期待できない。したがって、既存の保有設備や社内組織を活用することになるが、対象としている技術連鎖ベクトルが、自社が現在または過去に関わったことがある技術に近いものであれば、保有設備を活用できる可能性が高くなり、また、現在の組織や各部署からの理解も得やすく人員も確保しやすいと考えられる。したがって、ベクトル要素⑱「技術的コスト優位性」ほど極端ではないが、VISTA マップ上でベクトル要素「保有設備・体制」が 0 ではない技術連鎖ベクトルは、自社技術に関連した技術領域の近傍に偏在することになる。

また、技術連鎖ベクトル⑩「経験」、⑮「ノウハウ」、⑯「専門性（職人技）」との相違については、これらがソフトウェア的な意味であるのに対して、技術連鎖ベクトル要素「保有設備・体制」は、ハードウェア的な意味が強い。「体制」については、ある技術連鎖を実現するにあたり、経験、ノウハウ、専門

性（職人技）を有した人材の有無に関わらず、単に開発人員（マンパワー）を確保することができるか否かを意味する。したがって、例えば、自社内に、経験、ノウハウ、専門性（職人技）などを有した人材を擁していたとしても、その人が他の業務で多忙であり、新たな技術連鎖実現のためのマンパワーを割けない状態であれば、ベクトル要素「保有設備・体制」の内の「体制」部分については、表4-23中の言葉で言うなら、満足度は0％になる。

表4-23 ベクトル要素「保有設備・体制」の指標化

評価	指標
活用できる保有設備・体制がある。	10
⋮	⋮
・活用できる保有設備、体制のいずれかがある。 ・保有設備、体制ともにあるが、いずれも満足度は50％程度。	5
⋮	⋮
活用できる保有設備・体制がともにない、あるいは、ともに不明。	0

6. 重み付け

　技術戦略を策定する際に、技術連鎖ベクトル要素のいずれを重視するかは、その企業の技術開発ポリシーに依存する。このことを、ベクトル要素に対する「重み付け」で表現する。例えば、技術エレメントAから技術エレメントBへの技術連鎖ベクトルの各要素に関して、表4-24左端に示すような重み付け前の指標が得られたとする。ただし、ここでは、理解しやすいようにベクトル要素は8個とする。

　表4-24では、重み付けの例として2通りの場合を考え、それぞれの最下段には、技術連鎖ベクトルの大きさを示してある。直感や上位概念などの感性に関する要素を無視して市場規模や文献、理論を重視した場合（重み付け例1）には、ベクトルの大きさは1.8であるのに対して、逆に、直感や上位概念を重視した場合（重み付け例2）には、ベクトルの大きさは5.6である。すなわ

ち、重み付け例1の技術開発ポリシーを有する企業の場合には、重み付け例2の企業ポリシーを有する企業に比べると、A→Bの技術連鎖が弱くなってしまう。

同様に、表4-25左端には、技術エレメントBから技術エレメントCへの技術連鎖ベクトルの各要素を仮定した。重み付け例1、例2は、表4-24と同じである。表4-24と表4-25の結果を、VISTAマップとして表示すると、図4-24のようになる。図4-22では、表4-24と表4-25で得られたベクトルの大きさ（太さと濃さ）を、厳密に反映させて表示してある。

意思決定を行う際には、技術連鎖の強弱を把握し、今後どの技術連鎖に焦点を絞るべきかについての検討が必要になる。図4-22におけるA→B→Cの技術連鎖範囲内で見れば、重み付け例1の技術開発ポリシーを有する企業の場合には、A→Bの技術連鎖が弱みになるのに対し、重み付け例2の技術開発ポリシーを有する企業の場合は、逆に、B→Cの技術連鎖が弱みになる。このように、重み付け前の技術連鎖ベクトル要素が同じであっても、企業の技術開発ポリシーによって、技術戦略は大きく影響を受けることになる。

表4-24 技術連鎖（A→B）ベクトル要素に対する重み付け例

要素	重み付け前の指標値	重み付け例1	重み付け（例1）後の指標値	重み付け例2	重み付け（例2）後の指標値
市場規模	2.8	1.0	2.8	0.1	0.28
文献（科学的根拠）	1.5	1.0	1.5	0.1	0.15
経験	5.0	0.5	2.5	1.0	5.0
直感	10	0.0	0.0	1.0	10
上位概念	10	0.0	0.0	1.0	10
理論	3.0	1.0	3.0	0.1	0.3
熱意	5.0	0.2	1.0	1.0	5.0
技術的コスト	1.0	0.5	0.5	0.1	0.1
ベクトルの大きさ			1.8		5.6

第 4 章　技術連鎖ベクトル要素　*103*

表 4-25　技術連鎖（B → C）ベクトル要素に対する重み付け例

要素	重み付け前の指標値	重み付け例1	重み付け（例1）後の指標値	重み付け例2	重み付け（例2）後の指標値
市場規模	8.1	1.0	8.1	0.1	0.81
文献（科学的根拠）	6.8	1.0	6.8	0.1	0.68
経験	1.0	0.5	0.5	1.0	1.0
直感	0.0	0.0	0.0	1.0	0.0
上位概念	0.0	0.0	0.0	1.0	0.0
理論	7.0	1.0	7.0	0.1	0.70
熱意	1.0	0.2	0.2	1.0	1.0
技術的コスト	5.0	0.5	2.5	0.1	0.5
ベクトルの太さ			4.6		0.7

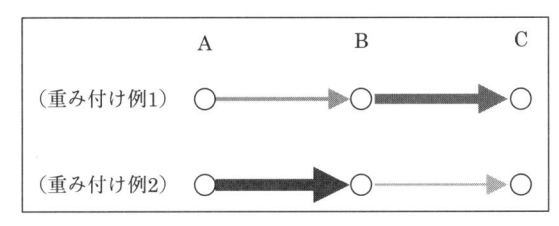

図 4-22　A→B→Cの技術連鎖ベクトル

第5章
技術連鎖ベクトル (VISTA) マップを用いた技術価値評価

　技術エレメントと技術連鎖ベクトル要素が決まれば、自ずとVISTAマップを構築することができる。VISTAマップの目的の1つは、各技術エレメントが市場や顧客ニーズにどのように連鎖しているかを、その連鎖強度も含めて"視覚的に"俯瞰することにある。すなわち、技術連鎖ベクトルの大きさ（太さと濃さ）も含めてVISTAマップ上でのベクトルの分布を視覚的に俯瞰することにより、着目すべき技術エレメントを抽出し、最も有利な技術連鎖を見通すことである。しかし、VISTAマップが広範囲かつ詳細になるにつれて技術連鎖ベクトルの数が増大することにより、人の視覚のみに頼ってVISTAマップを解析し技術戦略を策定することが難しくなってくる。したがって、VISTAマップ上における技術連鎖ベクトルの分布状態に基づいて、技術エレメントの価値を数値的に相対比較するための計算手法が必要になる。以下では、技術連鎖ベクトルの大きさや本章で新たに導入する分配価値という考え方を用いて、各技術エレメントの相対価値を数値化する手法について説明する。

1. 視点が違えば技術価値も違う

　第2章1節でも述べたが、技術価値評価に関する従来の手法は、狙うべき市場の絞り込みが成されて、製品仕様や製造技術がある程度まで確定している場合にのみ適用できる。VISTAマップで言うならば、最終市場に近い技術エレメントからその市場に向かって、一本のベクトルで技術連鎖されている場合であって、途中で他の技術エレメントを介する場合やベクトルの強さが変わり枝

第5章　技術連鎖ベクトル（VISTA）マップを用いた技術価値評価　　*105*

分かれする場合を想定していない。しかし、本章で対象としている技術価値評価とは、このように最終市場に近く、かつ、ほぼ完成した製品や技術に対するものではなく、原理やアイデアも含めたシーズ技術に対するものである。一般に、このようなシーズ技術は、VISTAマップ上で最終市場から遠い位置にあることから、最終市場に向かう技術連鎖が途中で枝分かれする可能性が高くなる。したがって、シーズ技術に対する評価というものは、どの最終市場から見るか、あるいは、同一の最終市場から見た場合でも技術連鎖のどの経路から見るかに依存する。

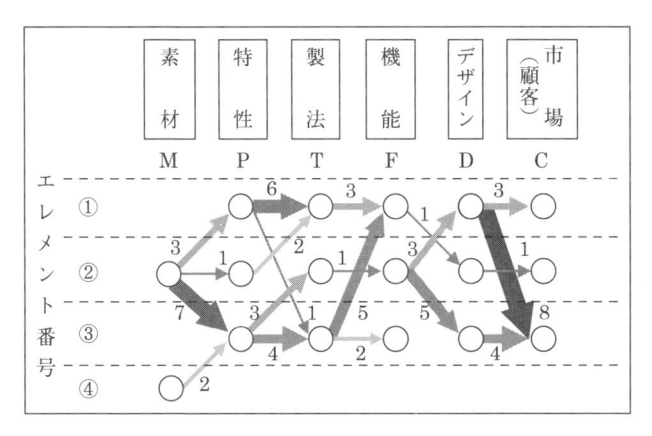

図5-1　VISTAマップを用いた技術価値評価の概念図
〔図中の各数値は、各ベクトルの強さ（太さと濃さ）の値〕

このことを、図5-1に示すVISTAマップで説明する。図中の数字は、各ベクトルの大きさ（太さと濃さ）を示す。このVISTAマップで、例えば、素材M②から市場C②への技術連鎖のみを抜き出すと、図5-2のようになり、以下の4つの経路があることが分かる。

　　　　第1経路：　M②→P①→T①→F①→D②→C②
　　　　第2経路：　M②→P①→T③→F①→D②→C②
　　　　第3経路：　M②→P②→T①→F①→D②→C②
　　　　第4経路：　M②→P③→T③→F①→D②→C②

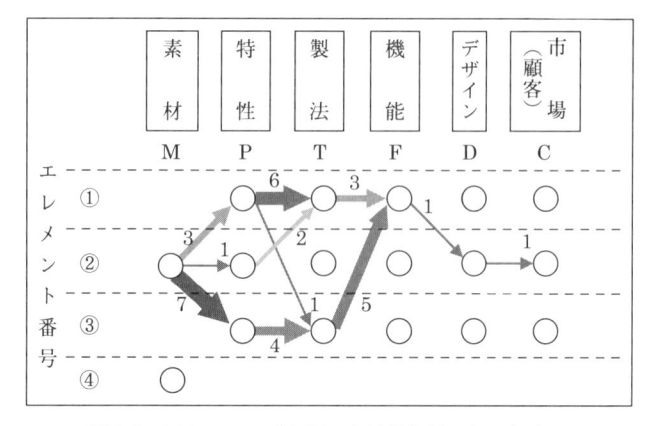

図5-2 VISTAマップを用いた技術価値評価の概念図
〔図5-1から素材M②と市場C②との技術連鎖のみを抽出〕

2. 分配価値

　図5-1、図5-2において、1個の技術エレメントに連鎖する（インプットされる）ベクトルが2個以上ある箇所が見られる。例えば、図5-2のF①の技術エレメントには、太さが3と5のベクトルが連鎖している。同様に、T①、T③の技術エレメントにも、それぞれ2個ずつのベクトルがインプットされている。同一の技術エレメントを終点とする技術連鎖ベクトルが複数あるということは、終点である技術エレメントから見たときの個々の技術連鎖の価値が減少することを意味する。ベクトルの始点である個々の技術エレメント側から見れば、競合技術が多く、将来、他の技術エレメントに負けるかもしれないという脅威に晒されていることを意味する。以上のことを数値的に表現するために、同一の技術エレメントを終点とする技術連鎖ベクトル本数の逆数を考え、これを分配価値係数と呼ぶことにする。そして、それぞれの技術連鎖ベクトルの始点にある各技術エレメントの価値（分配価値）を、それぞれのベクトルの太さに分配価値係数を乗じることにより表す。すなわち、技術連鎖ベクトルの終点にある技術エレメントから見たときの、始点にある技術エレメントの分配価値は、

(分配価値)＝(技術連鎖ベクトルの太さ)×(分配価値係数)   (11)
(分配価値係数)＝1／(インプットされる技術連鎖ベクトルの本数)   (12)

で数値化する。もしも、ある技術エレメントにインプットされる技術連鎖ベクトルが1つしかなければ、分配価値係数は最大値1になり、その技術エレメントはその技術連鎖がなければ成り立たないことを意味する。この場合には、始点にある技術エレメントの分配価値は、技術連鎖ベクトルの太さそのものになる。

図5-3に、化学繊維素材の場合を例にして示した。婦人服においては、大きく分類すると図5-3に示すように8種類の化学繊維が主に用いられている。これに対して、タイヤコードには、化学繊維としてはポリエステルとナイロンが主に用いられている。したがって、婦人服という技術エレメントから見た場合には、各技術連鎖ベクトルの太さ如何に関わらず、8種類の化学繊維素材の分配価値係数は一律に1/8になる。一方、タイヤコードという技術エレメントから見た場合には、2種類の化学繊維しかないので、分配価値係数は1/2になる。すなわち、同じポリエステル繊維素材に対する分配価値が、婦人服から見た場合にはそれぞれの技術連鎖ベクトルの太さの1/8に修正され、タイヤコードから見た場合には1/2に修正される。

本節の最後に、分配価値で言う脅威（競合技術）と、第4章2節のベクトル要素④「参入余地（競合技術）」との違いを明確にしておく。分配価値で言う競合とは、上述したように技術エレメント間での競合であり、ベクトル要素

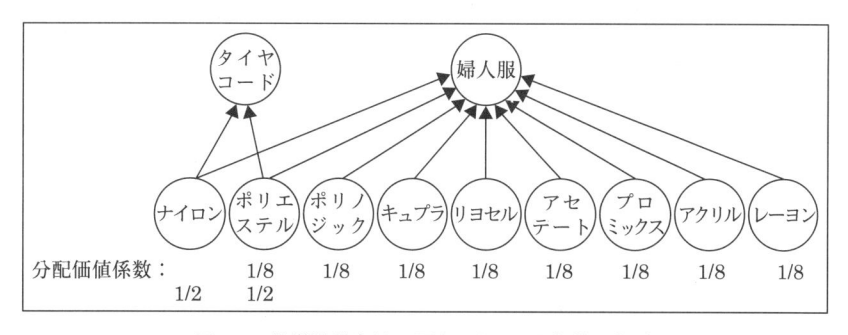

図5-3 化学繊維素材の用途による分配価値の相違
〔ただし、ベクトル要素の相違は無視して、どのベクトルも同じ太さにしてある〕

④「参入余地」で言う競合とは、個々の技術連鎖ベクトル内での競合であり、しかも特許検索結果のみから見た競合である。前者をマクロな競合と見るなら、後者はミクロな競合ということになる。

3. 技術価値評価

本節では、VISTA マップ上の各技術エレメントの技術価値を、技術連鎖ベクトルの太さ、分配価値係数を用いて数値化する手法について、図5-2の4つの経路の内から第1経路を例にして説明する。

第1経路：　M②→P①→T①→F①→D②→C②

すなわち、市場C②から第1経路を通して見たときの、素材M②の技術価値評価を行う。まず、ある技術連鎖ベクトルの終点になっている技術エレメントから見た場合に、そのベクトルの始点となっている技術エレメントの技術価値は、基本的には、そのベクトルの太さをそのまま用いて数値化する。例えば、図5-2において、D②→C②の技術連鎖ベクトルの太さは1であることから、市場C②から見たデザインD②の技術価値は1である。同様に、デザインD②から見た機能F①の技術価値も1である。しかし、機能F①から見た製法T①の技術価値については、T①→F①のベクトルの太さ3をそのまま技術価値として用いることができない。なぜなら、機能F①にインプットされる技術連鎖ベクトルが2本あるためである。言い換えれば、機能F①を実現する製法が、T①とT③の2個存在するためである。同一の技術エレメントに連鎖するベクトルが複数個ある場合には、分配価値を算出する必要がある。すなわち、(11) 式、(12) 式により、F①から見たT①の技術価値は、ベクトルの太さ3に分配価値係数1/2を乗算した分配価値1.5ということになる。同様に、製法T①から見た特性P①の技術価値は、技術連鎖ベクトルの太さ6に分配価値係数1/2を乗算して得た分配価値3になる。特性P①から見た素材M②の

技術価値については、技術連鎖ベクトルが1つしかないので修正は不要であり、ベクトルの太さ3がそのまま技術価値になる。以上の各技術連鎖ベクトル単位での技術価値に基づき、図5-2の第1経路を通して市場C②から見たときの素材M②の技術価値を、以下の式で算出する。

$$第1経路：\frac{1\times1\times(3/2)\times(6/2)\times3}{10^5}=1.35\times10^{-4} \tag{13}$$

上式左辺の分子は、第1経路上にある技術エレメントの価値を乗算したものであり、分母は、各ベクトル単位での技術価値の最高値である10を、第1経路を構成する技術連鎖ベクトル数5に従って5乗したものである。すなわち、技術価値は規格化されていることになり、最高値は1になる。(13)式と同様にして、図5-2の第2経路～第4経路についても、市場C②から見たときの素材M②の技術価値を以下に算出し、その結果を表5-1にまとめた。比較のために、市場C②から見た素材M④の技術価値も、併せて記してある。

$$第2経路：\frac{1\times1\times(5/2)\times(1/2)\times3}{10^5}=3.75\times10^{-5} \tag{14}$$

$$第3経路：\frac{1\times1\times(3/2)\times(2/2)\times1}{10^5}=1.50\times10^{-5} \tag{15}$$

$$第4経路：\frac{1\times1\times(5/2)\times(4/2)\times(7/2)}{10^5}=1.75\times10^{-4} \tag{16}$$

注：(16)式左辺の分子中にある"7/2"の理由は、図5-2ではなく図5-1を見れば明らかなように、P③に連鎖しているベクトルが2本あるためである。

表5-1より、市場C②から見た素材M②の技術価値は、どの経路を通して見るかによって大きく異なる。このことは至極当然であり、技術評価が画一的なものではなく、市場へのアプローチの仕方（市場からの見方）に依存すると

表5-1 市場C②から見たときの素材M②の技術価値に関する算出結果

素材	経路	技術価値
M②	第1	1.35×10^{-4}
	第2	3.75×10^{-5}
	第3	1.50×10^{-5}
	第4	1.75×10^{-4}
	合計：	3.63×10^{-4}
M④	—	5.00×10^{-5}

いう一般に成り立つ事柄を反映している。図5-1（図5-2）の例では、第4経路を通して見たときの技術価値が最も大きく、以下、第1、第2、第3の順序で小さくなっていく。すなわち、「評価の細分化」が行われたのである。また、第1経路〜第4経路の技術価値を合計した値は、市場C②から見た素材M②の総合技術価値とみることができる。したがって、この値と市場C②から見た素材M④の技術価値とを比較することができ、素材M②の技術価値が高いと判断できる。

以上のことを、実際のデータに基づいた簡単なVISTAマップで見てみる。表5-2〜表5-5は、繊維素材に関する統計データである。厳密な議論のためには、データ間での出展年度の相違や後述する単位の相違などを調整する必要が生じる。しかし、ここでは技術価値評価手法を説明するための一例として統計データを引用しており、厳密な調整は省略している。

例えば、繊維素材の応用製品の内、織物、ニット生地、タイヤコードの3つに着目し、これら応用製品の市場性（ただし、ここでは金額ベースに統一することはしておらず、統計データの生産額または生産数量をそのまま用いてい

表5-2 織物、ニット生地の加工実績とタイヤコードの生産実績

	数量	金額（百万円）
織物	2,478（百万m²）[23]	199,985（平成16年）[23]
ニット生地	583（百万m²）[23]	65,907（平成16年）[23]
タイヤコード	55,983（t）[24]	17,470（平成12年）[25]

表5-3 織物生産数量の主な内訳（平成16年）[24]

繊維素材	生産数量（百万 m^2）
綿	479
毛	76
絹	22
麻	3
ビスコーススフ	116
人絹	41
アセテート	26
アクリル	17
ポリエステル	927
ナイロン	134

表5-4 ニット生地生産数量の主な内訳（平成16年）[24]

繊維素材	生産数量（t）
綿	26,866
毛	438
ナイロン	7,001
アクリル	3,644
ポリエステル	40,764

表5-5 タイヤコード生産数量の主な内訳（平成16年）[24]

繊維素材	生産数量（t）
ナイロン	24,939
ポリエステル	29,039

る。）から見た場合における各繊維素材の技術価値を考える。まず、表5-2の統計データを用いて、上記3つの応用製品からそれぞれの顧客に向かう技術連鎖ベクトルを求める。表5-2において、数量ベースでは単位が異なるため金額ベースで規格化を行い、技術連鎖ベクトルの20個の要素の内、市場規模に関する要素を算出する。ここでは、第4章2節の（3）式に従って、生産金額の最も大きい織物の値で規格化を行う。同様にして、表5-3～表5-5を用いて、

各繊維素材からそれぞれの応用製品に向かう技術連鎖ベクトルを求める。その結果、図5-4に示すVISTAマップが得られる。図5-4下欄には、各素材について、分配価値係数も併せて記載してある。ただし、図5-4で注意を要することは、各繊維素材から織物への技術連鎖ベクトルとニット生地またはタイヤコードへの技術連鎖ベクトルとでは、定量的な比較ができない点である。織物への技術連鎖ベクトル間、あるいは、ニット生地とタイヤコードへの技術連鎖ベクトル間でのみ、定量的な比較が可能である。これは、表5-3と表5-4、表5-5とでは、生産数量の単位が異なることに起因している。このように同業種であっても、必ずしも統一した指標で統計データが整理されていないことは、その後の定量的解析を困難にしており、したがって、企業戦略の策定の精度を低下さ

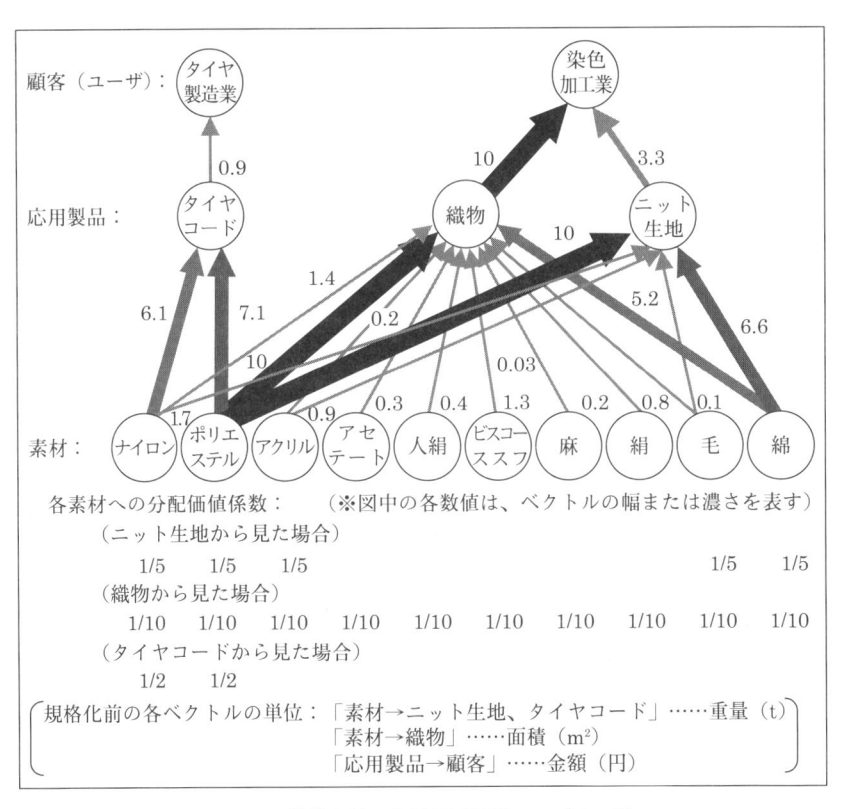

図5-4 繊維素材におけるVISTAマップの一例

せる原因の1つであり、今後改善されるべき点である。

　図5-4のVISTAマップから算出した各繊維素材の技術価値は、表5-6のようになる。この中で、例えば、ポリエステルからニット生地を介して染色加工業に連鎖するベクトルと、同じくポリエステルからタイヤコードを介してタイヤ製造業に連鎖するベクトルとを比較すると、図5-4のベクトルの太さ（濃さ）を見た限りでは、前者の方が強い技術連鎖を形成しており有望そうに見えるが、表5-6に示した技術価値の評価結果では、それぞれ3.30×10^{-2}と3.20×10^{-2}となり、両方とも同程度の技術価値になる。これは、分配価値係数が寄与しているためである。図5-4で言えば、繊維素材からニット生地に向かう技術連鎖ベクトルの数は10本あり、タイヤコードに向かう技術連鎖ベクトルの5倍である。すなわち、ニット生地の分野においては競合技術の数が5倍多く、したがって、技術間競争による脅威も5倍大きい。

　以上、VISTAマップは、技術データベースの構築手法の1つであり、技術エレメント間をベクトルの太さと濃さを考慮して連鎖させることにより、数値的解析を可能にしている。この解析精度は、VISTAマップがデータベースとして充実するに従って向上する。その結果、複数の技術開発テーマに対して、VISTAマップから算出した技術価値に基づく優先順位付けが可能になる。技

表5-6　素材の技術価値に関する算出結果（図5-4で顧客から見た場合）

繊維素材	染色加工業		タイヤ製造業
	ニット生地	織物	タイヤコード
綿	2.18×10^{-2}	2.60×10^{-2}	0.00
毛	3.30×10^{-4}	4.00×10^{-3}	0.00
絹	0.00	1.00×10^{-3}	0.00
麻	0.00	1.50×10^{-4}	0.00
ビスコーススフ	0.00	6.50×10^{-3}	0.00
人絹	0.00	2.00×10^{-3}	0.00
アセテート	0.00	1.50×10^{-3}	0.00
アクリル	2.97×10^{-3}	1.00×10^{-3}	0.00
ポリエステル	3.30×10^{-2}	5.00×10^{-3}	3.20×10^{-2}
ナイロン	5.61×10^{-3}	7.00×10^{-3}	2.75×10^{-2}

術開発成果は、技術エレメントの技術価値を高めることである。言い換えれば、目的とする最終市場への技術連鎖を強固なものにするか、あるいは、その技術エレメントを始点として派生する技術連鎖ベクトルの数を増やすことである。しかし、往々にして、研究者や技術者は、一本の連鎖経路の中の隣接する技術連鎖ベクトルを太くすることのみに注力してしまう傾向が強い。その結果、技術価値を増大させる上で最も影響の大きな技術連鎖ベクトルを見落としてしまい、"頑張った"割には技術価値の増加がそれほどでもないという結果に終わる(例えば、技術連鎖ベクトルの大きさが8の連鎖部分を10にすることよりも、大きさ0.1の連鎖部分を1にすることに注力した方が、技術価値を増大させる上では著しく効果的である)。

第6章

技術連鎖ベクトル（VISTA）マップを用いた技術戦略思考

1. 技術戦略思考ループ

　VISTAマップは、視覚的データベースである。基本的にデータベースである以上、技術戦略を策定する上での支援材料に過ぎない。しかし、従来のデータベースが単なる参考データとして技術戦略思考ループの一部分として組み込まれるのとは異なり、VISTAマップは、技術戦略思考ループそのものを記録することができ、かつ、視覚的に表示できる。ここで言う技術戦略思考ループとは、図6-1に示す一連の思考サイクルである。

　本書で言う「技術戦略」とは、第1章3節で述べたように、「着目する技術エレメント（単一技術や製品など）をどの最終市場や最終顧客に連鎖させれば、当該技術エレメントの価値（その連鎖の実現可能性）が最も大きくなるか」ということである。この中で、資金や人員などの面で一般的に事業展開力の弱い中小企業においては、「着目する技術エレメント（単一技術や製品など）」とは、自社技術の場合が多い。したがって、技術戦略の策定の第一歩は、「自社技術のデータ分析」を行うことである。図2-1中の「何ができるのか？」という、特徴抽出（得意技術や有力商品、社員の潜在能力や趣味など有形無形を問わない）を意味する。一方、「どの技術分野に連鎖させれば」とは、顧客ニーズを仮定することである。これも図2-1中にある「何をしたいのか？」という企業ビジョンの設定を意味する。図6-1の矢印の太さで示したように、自社技術のデータ分析結果は、良くも悪くも動かし難い事実であり、基本的に不確定な部分が少ない。一方、個々の顧客のニーズは、顧客の事情や嗜好に対応

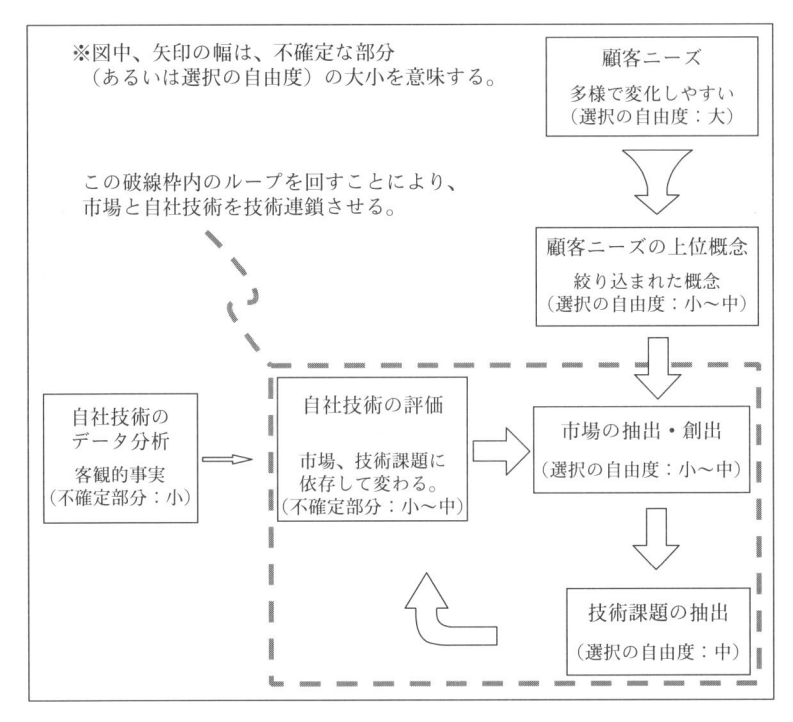

図6-1 VISTAマップにおける技術戦略思考ループ

してさまざまであり時間軸上でも変化しやすいため、不確定な部分が極めて多いと言える。このことは技術戦略を策定する側から見れば、選択の自由度が極めて大きいことを意味している。選択の自由度が大き過ぎることが、却って狙うべき市場を仮定する妨げになる場合もあり、この場合には、第4章3節で述べた上位概念などを駆使して顧客ニーズを分類し、選択の自由度を絞り込む必要がある。そして、狙うべき市場と顧客ニーズとの間の技術連鎖ベクトルが形成できれば、その次には、その市場へ参入するための技術課題である技術エレメントが自ずと決まり、技術課題と市場との間の技術連鎖が形成できる。技術課題として抽出した複数の技術エレメントは相互に技術的対立関係にある場合が多く、開発する側から見れば選択の自由度がある。ここまでくれば、技術課題として抽出した技術エレメントと最初に自社技術のデータ分析によって抽出した技術エレメントとの間の技術連鎖ベクトルを描くことができる。その結

果、第5章で述べた計算手法により、最終市場や最終顧客から見たときの自社の技術エレメントの価値評価が可能になる。技術価値評価は、着目している自社の技術エレメントが同じであっても、どの市場から見るか、あるいはどの技術連鎖経路で見るかによって異なる。この意味で、市場や技術課題を抽出する際の選択自由度に呼応して、技術価値にも不確定さが生じる。しかし、VISTAマップでは、技術価値評価の結果を数値で表すことができるため、図6-1に示した「市場の抽出・創出 → 技術課題の抽出 → 自社技術の評価」の思考ループを繰り返すことにより、それぞれの市場や技術連鎖経路で算出した技術価値を比較することが可能であり、その結果、着目している技術エレメントの価値が最大となる市場と技術連鎖経路が特定でき、技術戦略が確定できる。

2. 顧客ニーズから市場へ──「上位概念思考」の視点から

　顧客ニーズがあれば、市場が育つのか。顧客ニーズがあっても、それが即座に企業にとって価値のある市場に結び付くとは限らない。個々の顧客、特に最終顧客から寄せられる要望や苦情は多様であり流動的である。したがって、これらの上位概念で分類・考察することが、近年盛んに行われている。その分類された上位概念の中から、企業側にとって技術的にも事業としても成立し得る新たな市場を抽出することが狙いである。
　上位概念といっても、上位概念の捉え方が違えば、たとえ現状では同一市場に属する同業種企業であっても、抽出される新たな市場は違うものになる。例えば、図6-2に示したように、「仏壇が欲しい」という顧客ニーズに対して、通常の販売員との会話では、買い替えか新規購入かを尋ねられ、次に、設置スペースや法事の日程、購入予算などを尋ねられて、デザイン、納期、価格が決まってしまう。その会話の中に、顧客の購入動機やライフスタイルなど顧客が置かれている状況を推測するための質問が成されていたとしても、それを積極的に活用して新たな市場創出に繋げるまでには至らない。実際には、顧客が、部屋全体の面積からどの程度の占有面積を仏壇のために見込んでいるかによっ

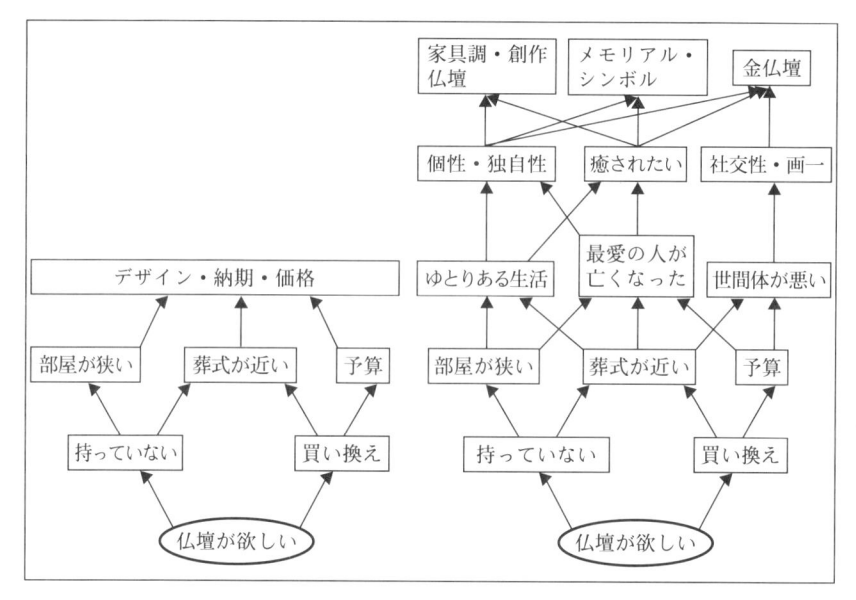

図6-2 顧客ニーズから導かれる上位概念の一例

て、顧客の仏壇へのこだわりを推測する一助にできるかもしれない。仏壇の占有面積を小さくして予算も抑えたいという顧客は、生活空間にゆとりを求めているのであって、仏壇よりもインテリアなどの方に関心があると推測することもできる。あるいは、葬式を行うことについても、最愛の故人のための式なのか、それとも単に形式を重んじているだけなのかによって、仏壇への思い入れも変わってくる。最愛の故人のための式を行う遺族にとっては、故人が喜びそうな仏壇を選択するであろうし、あるいはもはや仏壇の形態ではなく、パステルカラーのお洒落で明るい風景の中で故人が微笑んでいる絵画のような形態を内心では望んでいるかもしれない。このような顧客に対しては、故人が喜んでいると思うことで遺族自身も癒されていると推測できる。また、仏壇を、単に、他家が持っているからという世間体の理由でのみ、購入する場合も考えられる。さらに、世間体が高じて仏壇がステイタス・シンボルになり、あえて高価な仏壇を要求する場合もある。以上の顧客ニーズに基づく思考展開は、例えば、以前から言われている Maslow の欲求5段階説（図6-3）[26] とも関連付け

ることができ、決して今に始まったものではないが、なぜ、顧客ニーズから上位概念に立ち返っての市場抽出が近年において盛んに言われるようになったかの理由については、市場が飽和し次に作るべき製品像を捉え難くなったことが挙げられる。以前は憧れの的であった自動車（ガソリン車）や白物家電も、現代では、ほとんどすべての家庭に行き渡り欲求階層が低くなっている。繊維衣料については、現代では制服などの着用義務がなくなりつつあり、高級志向と生活用品に二極化しつつある。逆に、仏壇については、かってのステイタス・シンボルという位置付けから、現代では欲求が分散し、かつ著しく希薄化している。すなわち、先進国では、自我や親和の欲求を喚起する新たな製品を創出しない限り、低価格化への要求が強い製品群のみが多くなり、したがって、コスト競争力のある発展途上国に生産拠点が移転していくことになる。

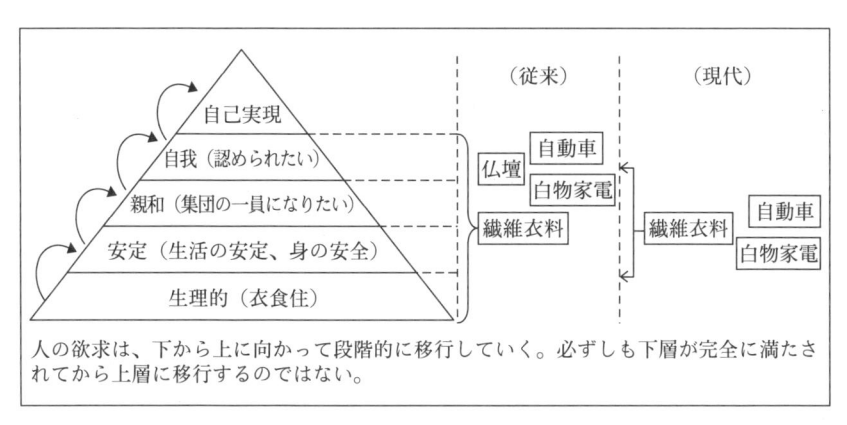

図6-3　Maslowの欲求5段階説

　上述した上位概念に基づく市場抽出に限らず、一般にマーケティングでは、セグメンテーション（segmentation）と呼ばれる分類作業が行われる。人工統計データ、地理的要因、収入、ライフスタイルなどの顧客データを収集し、データマイニングにより新たなセグメントを見つけ出して、最も可能性のある顧客に製品やサービスを提供する試みが成されている。データマイニングの分野では、顧客データを情報に変換するための分析ツールが開発されているが、その多くは統計的手法やニューラルネットワークを用いての、データ間の相関

やクラスタリングに関する解を求めることに焦点が置かれている[27]。さらに、上位概念の構築方法の1つであるオントロジー（Ontology：存在論）の考え方を用いて市場を抽出する試みも、近年活発に行われている[28]。

上述したように、ニーズから市場を浮かび上がらせるような抽出型市場と異なり、ニーズを喚起し誘導するような創出型市場というものも考えられる。「抽出」と「創造」では、市場に対する制御（支配）力が異なる。抽出型市場は、上述したニーズの上位概念の違いによる相違は生じるが、本質的には、ニーズという客観的情報に基づいており、一企業に特化したものではなくどの企業にも当てはまる。これに対して、創出型市場は、経営者の経験や直感に強く依存している場合が多く、その企業独自のものである。あるいは、行政が主導して大きなプロジェクトを推進する場合も、実質的には、市場創出の狙いがあると言える。デジタル家電やナノテク等がその例である。しかし、創出型市場においては、往々にしてシーズ技術のみが先行した、言い換えれば自社の技術エレメントを優先した発想になりがちである。図6-1で言うなら、「顧客ニーズ」や「顧客ニーズの上位概念」を除く下半分の思考のみで技術戦略を策定することになり、運良く的中する場合もあるが成功確率は抽出型市場の場合に比べて低い。

3. 市場から技術課題へ——「win-win思考」の視点から

抽出・創造した市場が仮に同じであっても、その市場に対する各企業にとっての魅力度は、企業の規模や内外の状況によって異なるため、どのような参入形態を取るか、どのような製品や技術を引っ提げて参入するか、企業ごとに戦略を立てる必要がある。また、参入すること以上に重要なことは、継続することである。特に、地域密着型企業や中小企業にとっては、少なくとも自社ブランドを市場で確立できるまで、「継続的に利益が得られる市場」を抽出または創出する必要があり、そのためには、開発すればするほどその企業が優位に立てる技術課題を抽出する必要がある。「継続的に利益が得られる市場」は、顧

客ニーズを継続的に満足させて成り立つことであるから、結局、顧客との間にwin-winの関係が構築できる技術課題を抽出・創出することに他ならない。win-winの関係については、第4章2節で述べたが、もしも、win-winの関係が築けなければ、製造業者間で過当なコスト競争に陥り、資金力などで劣る地域密着型企業や中小企業にとっては、事業を継続する上で不利になる。

　ある市場において開発すればする程その企業が優位に立てる技術課題、すなわち、顧客との間でwin-winの関係を構築できる技術課題とはどのようなものであろうか。技術開発の結果は、技術や商品に対する付加価値である。顧客側が享受する付加価値とは、直接的に生活を向上させるものや、単に精神的な満足に過ぎないものまでさまざまな価値が考えられるが、企業側にとっての付加価値とは、その付加価値を生み出した結果得られる利益（利潤）である。その利益を如何に効率よく得られるかの尺度が利益率である。付加価値で顧客ニーズを満足させることができ、かつ、利益率で企業側が満足すれば、win-winの関係が構築できたと言える。

　付加価値と製造工程の関係については、図6-4で示すようなスマイルカーブ（smile curve）で表される。また、製品アーキテクチャは、モジュール型とインテグラル型の2つに分類される。モジュール型の最も分かりやすい例とし

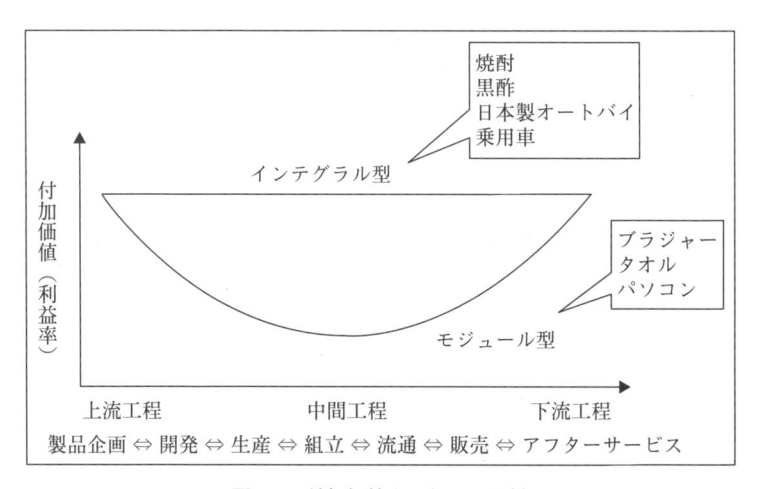

図6-4　付加価値と工程との関係

て、コンピュータが挙げられ、インテグラル型の例としては乗用車がある。モジュール型は、モジュールと呼ばれる個々の独立した機能を持った部分を繋ぎ合わせて、1つの製品を構成するものである。一方、インテグラル型は、製品の機能が複数の構成部分にまたがっており、個々の構成部分に機能を独立させるのではなく、構成部分間で相互に影響を及ぼし合いながら、製品全体の機能を最適化するものである。この2種類のアーキテクチャでは、図6-4に示すように、付加価値と製造工程との関係が異なる。すなわち、モジュール型では、いわゆるスマイルカーブを描くが、インテグラル型では、付加価値を構成部分に分割して考えられないことから、利益率の工程による変動は小さい。この2つのアーキテクチャの内のいずれを取るべきかについては、製品特性や製造工程に依存している。例えば、図6-5に、金仏壇の製造工程を示す[29]。

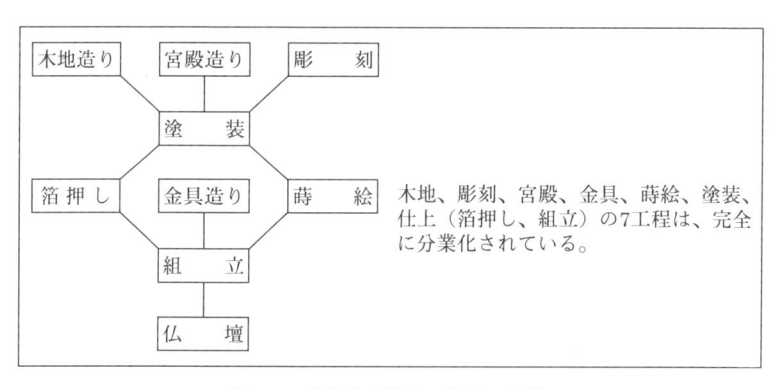

図6-5 代表的金仏壇の製造工程[29]

金仏壇の製造工程は、木地、彫刻、宮殿、金具、蒔絵、塗装、仕上げ（箔押し、組立）の7工程に分けられており、これら7つの工程は、完全に分業化されている。一般に、国際レベルでの企業間競争で優位に立つために、現在はモジュール化を指向する傾向が強い。これは、国際競争においてBRICsなどの国々の影響が大きくなったことに起因しており、これらの国々の生産・組立を製造工程に取り込んだ事業展開を考えれば、モジュール型の方が有利ということである。言い換えれば、BRICsなどの国々に生産・組立工場を有する製品群では、図6-4のスマイルカーブが成立していると言える。それでは、分業化

が進んでいる仏壇製造においても、スマイルカーブが成り立つであろうか？「分業＝モジュール・アーキテクチャ」と仮定すれば、仏壇製造においても図6-4のスマイルカーブが成り立ち、工程による利益率に差が生じていることになる。しかし、分業化の進んでいることが、必ずしもモジュール・アーキテクチャである条件にはならない。モジュール・アーキテクチャ、すなわちスマイルカーブに基づいて事業展開を考えるには、その事業を、以下の観点から評価し直す必要がある。

① モジュール間の境界が明瞭に区切られているか。単に生産工程のみでなく部品仕様についても、明瞭な線引きができていなければならない。
② スマイルカーブの上流と下流工程は、いずれも顧客に近い工程であると言えるか。顧客に近くて常に顧客ニーズを把握できることが、上流と下流工程が付加価値の高い工程になっている理由である。
③ 上流工程か下流工程で、独自性を打ち出せるか。

①〜③についての具体例として、デジタル家電製品が挙げられる。デジタル技術は、アナログ技術とは異なり、工程間でのすり合わせの作業が極めて少なくできる。その結果、生産工程と部品仕様ともに、モジュール相互に独立させることが容易であり、上記①で述べたモジュール間の境界を明瞭に線引きできる。②については、家電製品という最終製品を扱っていることから、明らかである。③については、デジタル業界では、iPodで有名なアップル社のように、上流または下流工程のみを事業として手掛けているファブレス企業が多いことから見ても、独自性を打ち出しやすい。アップル社のように、図6-4中に示した製品企画に相当する商品コンセプト、外形デザイン、機能仕様で独自性を打ち出している例や、あるいは、村田製作所や日東電工のように、図6-4中の開発工程に相当する携帯電子機器、フラットパネル向けのデバイスや材料で独自性を打ち出している例が、多く見られる。

これに対して、仏壇業界ではどうであろうか。①のモジュール間の境界を明確に区切ることは、技術や作業内容の面から見れば可能である。しかし、これ

ら以外の面で見れば、境界を区切ることには問題が生じる。伝統的工芸品指定という足枷である。仏壇産業のような伝統的工芸品を扱う産業では、表6-1に示す「伝統的」であるための条件が定められており、例えば、滋賀県の彦根仏壇では、表6-2に示すように、伝統的工芸品としての製造基準が工程ごとに定められている。この基準により、特に「産地内製造であること」「産地内組立であること」により、「産地内」という条件が全工程にまたがっており、このこ

表6-1 伝統的工芸品（経済産業大臣指定）の要件

- 工芸品であること
- 主として日常の用に供されるものであること
- 製造過程の主要部分が手工業的であること
- 伝統的技術または技法によって製造されるものであること
- 伝統的に使用されてきた原材料であること
- 一定の地域で産地を形成していること

表6-2 仏壇の製造基準

工程	素材	基準・条件等
木地	天然材（桧・杉・松・欅・栓等）	組合認定の合板一部使用も可、産地内製造であること。
宮殿	天然材、妻屋根付総手先、桝組	産地内製造であること。
彫刻	天然材で手彫による丸彫、重彫、付立彫	産地内製造であること。
錺り金具	真鍮、銅板の手彫金具で毛彫・浮彫・地彫・スキ彫	三段・柱は電鋳金具を使用可、手彫金具は産地内製造であること。
塗り	堅地、砥の粉下地。立塗、呂色塗 天然漆を刷毛で手塗	小物については樹脂塗料のスプレー塗装も一部使用可、産地内製造であること。
箔押し	金箔（純度95.24%以上）、箔押漆、純金粉（純度95.24%以上）、箔箸を使って手押し	産地内製造であること。
蒔絵	天然漆、顔料、金粉、蒔絵用泥手描き	産地内製造であること。
組み立て		産地内で組み立てであること。
証書	焼印（丸型）、検査合格証、伝統証紙、産地証紙	

とが、各工程を地理的に完全独立したモジュールにすることを困難にしている。②については、仏壇という最終製品を扱っていることから、上流と下流工程ともに一見顧客に近い位置にあるが、家電製品と異なるのは、仏壇のみでは顧客が限られている点である。すなわち、図6-3で述べた顧客の欲求を新たに喚起できていない点に、根本的な問題がある。この意味では、業界全体が顧客（の欲求）から遠い位置にあると言えるのかもしれない。③については、仏壇業界に限らず地場産業の多くが、付加価値の高い工程での独自性を打ち出す必要に迫られている。

　以上のように、業界特有の付加価値を生み出す構図（図6-4に示した工程との関係など）が把握できれば、win-winの関係を構築するための事業モデルとその際の技術課題を抽出しやすくなる。

　例えば、仏壇産業のように、付加価値を生み出す構図がモジュール・アーキテクチャである場合においては、以下のような戦略思考が成り立つ。まず、図6-4に示すように製造業者にとって付加価値の高い製品企画やアフターサービスに重点を置く。なぜなら、製造業者にとって利益率が大きな工程であれば、顧客との間にwin-winの関係を築く余地も大きくなるからである。製品企画では、例えば見た目の区別ができなければ安価な製品を購入するような顧客[30]に対して、充分にアピールできるだけの独自のデザインが技術課題として候補に挙がる。宗教上の慣習との整合を保ちながらも、場合によっては、これまでの仏壇という概念から外れた商品企画やデザインも必要になるのではないだろうか。あるいは、アフターサービスとしては、仏壇のクリーニング、改装やレンタル、あるいは少子化、核家族化に伴う独居老人死去後の仏壇処理を考える場合には、分解の容易性や耐久性、リユース（reuse）やリサイクル（recycle）性を向上させるデザインが、技術課題として候補に挙がる。このように、製造業者にとって付加価値の高い工程に関連した技術開発に着目し、かつ、図6-2で示した仏壇に対して顧客が抱くさまざまな上位概念を満足させることにより、顧客との間にwin-winの関係を成立させることが可能である。

4. 技術課題から自社技術へ

　市場と自社技術とを連鎖させるためには、自社技術を正確に分析することが重要である。これまでのニーズ→市場→技術課題という思考プロセスは、特に、新たな事業展開を目指している企業にとっては未知の分野である場合が多いため、どうしても統計資料、文献、ヒアリングなどの他所のデータや知識に頼らざるを得ない。しかし、自社技術に関しては、詳細な分析が可能である。したがって、自社技術をできる限り詳細な技術エレメントに分割し、それぞれについて、技術的な面だけでなく財務的な面も含めて、強みと弱みを分析することができる。これは、マーケティング手法におけるSWOT分析の"S（強み）"と"W（弱み）"の抽出にも関連する。マーケティング論で言われるSWOT分析を忠実に行うためには、技術、財務、マーケティング、組織、競合他社、市場シェアなどの企業内あるいは企業を取り巻くミクロ要因以外に、産業界全体が置かれているマクロ要因の分析についても要求されているようであるが、VISTAマップにおいては、自社にあるデータの分析のみで良い。また、人によっては、ニーズ→市場→技術課題の思考プロセスに入る前に、自社技術のデータ分析を最初に行うべきではないかという疑問が生じるかも知れない。しかし、これは、本質的には問題ではない。本来、自社技術のデータ分析は、外部環境や情報に左右されずに、現実のデータのみから客観的に行うべきものである。この自社技術のデータ分析により技術エレメントを抽出して技術価値評価を始める際に、狙う市場や外部環境・情報、あるいは評価する者の経験、直感など主観的要素を取り入れることになる。したがって、前提や思いこみなどの主観を入れずにデータ分析ができるのであれば、それがニーズ→市場→技術課題の思考プロセスの前であろうと後であろうと構わない。そして、自社技術に関するデータ分析により得られた技術エレメントは、図6-1の技術戦略思考ループを繰り返すことにより、VISTAマップの中に次第に埋め込まれた形になり、最終的に、外部環境・情報や主観的要素などをも考慮した自社技術評価が可能になる。

5. 自社技術から市場へ

　自社の技術に限らず技術価値というものは、5章3節でも述べたように、どの技術連鎖経路から見るかによって異なり、この意味で"不確定な部分が多い"。したがって、たとえ大雑把ではあっても技術課題と自社技術とを技術連鎖できれば、その後の思考プロセスは連鎖経路によって変わる。まず、自社技術の価値評価が高くなる連鎖経路に対しては、市場の抽出をさらに細分化することにより技術課題についても細分化し、より詳細なVISTAマップを構築していけばよい。逆に、自社技術の価値評価が低くなる連鎖経路に対しては、その連鎖経路を早々に見切って他の市場を狙うか、あるいは、自社技術の改良を行うかの選択が必要になる。他の市場を狙えば、それに応じて技術課題としても異なるものが要求され、その結果、自社技術の価値評価が高くなる場合もある。あるいは、自社技術を改良して"新たな連鎖を創出"することにより、例えば、複数の技術課題の内のいくつかを回避してベクトルの数を減らせれば、技術価値は高くなる。このような新たな連鎖の創出が、新しい顧客や市場の創出に繋がる。

第7章
技術連鎖ベクトル（VISTA）マップ活用のバリエーション

　VISTAマップは、第5章と第6章で述べたように、基本的には技術戦略を策定するための視覚的データベースであるが、他にも、以下に示すようにさまざまな活用シーンや利用方法が考えられる。

1.　産官学連携によるデータベース

　我々は、日々さまざまな機会を得て情報を入手しているが、自分にとって"現時点で"有益か否かという視点に立って取捨選択している。または、益の有無に関わらず、興味を喚起された情報のみが無意識的に記憶されている。そのため、結局、それぞれの情報は断片化された状態で一時的に記憶されることになる。あるいは、ふとしたときに湧き起こる漠然とした直感や論理展開についても、"その時点では"断片的なものであり、他の情報や産業技術全体との関わりがすぐには把握できない。その結果、せっかくの情報や直感、論理も、「これがビジネスに繋がるかどうか見当が付かない」「どうせ既に誰かがやっているだろう」などというように、自分自身で否定的な結論を下してしまう場合が多い。断片化され浮いた状態がいつまでも続けば、やがてその情報や直感などの存在すら忘れてしまうことになる。知的資産の垂れ流しである。
　この垂れ流しを防ぐために、各人がデータベース化していけばよいのであるが、この当たり前のことが、現実にはできていない。その原因は、データベース化の手法にある。我々は、古来より、情報の記録を文章で行ってきた。おそらく、他人に知らせる上でも、あるいは、自分が後で読み返したときの理解し

やすさの上でも、文章の方が便利であったからであろう。しかし、これは、その情報の範囲が局所的である場合に言えることである。VISTA マップで言えば、数個の技術エレメントと技術連鎖ベクトルを含む程度の局所部分のみであれば、マップにする必要はなく文章で構わない。しかし、これが、通常の議事録や調査報告書のように何ページにもわたる文章となると、読む側は個々の文章の逐次処理に追われてしまい、全体の技術連鎖を俯瞰することが難しくなってくる。その結果、一度は読んで情報入手した気になり満足感が得られても、時間が経てば忘れ去ってしまい、読むために費やした時間と労力に比べて記憶に残っている情報の余りの少なさに愕然とすることになる。

　情報の喪失は、単に個人レベルの話に留まらない。世代間における知的資産の継承を如何にして行うかという、現在の日本が抱えている深刻な問題にも直結している。日本は、世界有数の高齢者大国になりつつある。このことは、日本がこれまで脈々たる努力によって築き上げてきた知的資産が、第一線から退くことを意味している。ここで言う知的資産には、知的財産権として権利化されたものや文献として活字化されたものだけではなく、経験やノウハウ、人脈、思考方法など記述そのものが難しいものも含まれている。文章で書かれた情報であっても、経験、ノウハウ等の記述困難な情報であっても、人の脳内の前頭連合野では、情報を分割したり連鎖させたりすることによって、新たな目利きが行われているのである。この目利きを支援するために、VISTA マップでは、文章で記述された情報と、経験、ノウハウなどの記述困難な情報とを、技術連鎖ベクトルという形で融合させて連鎖の度合いを視覚的に表示する。

　同様のことは、実際のシステムにおいても言える。すなわち、情報には、客観情報と主観情報の二種類がある。上述した通り、文献情報など調査すれば誰もが知り得るものは客観情報であり、ノウハウや直感のように本人の感性によるものは主観情報である。前者は、官庁や大学から調査報告書や論文として公表されるが、後者は、企業秘密や個人情報として秘密に付されることが多い。これまで、官庁や大学から報告された比較的大局的な視点に立った客観情報を、企業は、"戦略"策定の観点から充分に活用してきたと言えるであろうか。また、公報に掲載された技術論文は、直近の課題を解決するための"戦術"と

して、これまでの日本の技術力（現場力）を支えてきたことは間違いないが、新製品や新機軸を創出するための"戦略"策定を行う上で、即効的に活用されてきたとは言い難い。これは、官庁や大学から報告された客観情報の表示の仕方に問題がある。"戦術"策定の際には、直近の課題を論理的に解析して最適解を見いだすことに主眼が置かれるため、詳細でありさえすれば狭い領域の技術情報でも充分であり全体を俯瞰する必要はない。これに対して、「戦略」策定の際には、個々の詳細な情報よりも技術情報全体、産業情報全体を俯瞰することが必要になる。ところが、通常の技術報告書や調査報告書の何ページにもわたる文章表現では、読む側は個々の文章の逐次処理に追われてしまい、全体の技術連鎖を俯瞰する上で極めて非効率である。しかも、文章による報告書は、序文や形容句、引例の繰り返しが多く、読む側から見れば、たった1つの本質を読み取るのに極めて冗長な文章に付き合わされることになる。その結果、民間企業は、官庁や大学から提供される調査報告書を、読むことすらしなくなっていくのではないだろうか。これに対して、VISTAマップでは、1つの解を与えることができる。官庁や大学が公表する客観情報と個々の民間企業がそれぞれ守秘的に持っている独自の主観情報とを、容易に融合させることができる。一般に、部品や単一技術のみを業とする中小企業にとって、自社の製品やサービスが最終製品に対してどの程度の価値があり、あるいは、他の分野とどのように技術連鎖しているかを、独自に調査することは資金と人的な面から考えて困難な場合が多い。したがって、官庁や大学などによって提供される調査報告書に記載された客観的情報を、如何にして効率的に活用するかが重要になる。

　VISTAマップでは、この点について図7-1に示す方法を提案できる。例えば、官庁や大学から公開される客観情報をVISTAマップの形にして、ネット上で公開する。この時点でのVISTAマップ上の各技術連鎖ベクトルについては、表4-1の20個のベクトル要素の内の②～⑤⑦⑭の6個のみ、あるいは、場合によっては、これらに⑨⑫を含めた8個のみが、指標値を入力された状態になっている。残りのベクトル要素については、それぞれの企業独自の（主観）情報であり、官庁や大学では入力することができない。そして、官庁や大

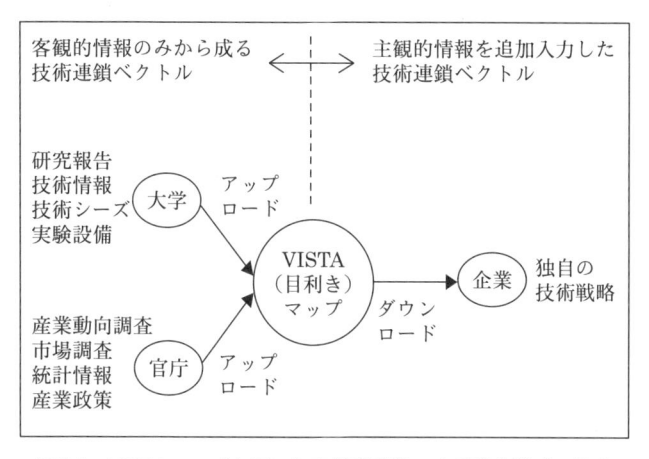

第7章 技術連鎖ベクトル（VISTA）マップ活用のバリエーション　131

図7-1　VISTAマップを用いた産学官連携による技術戦略の策定

学からネット上に公開されたVISTAマップを、各企業がダウンロードし、それぞれの企業の（主観）情報に従って残りのベクトル要素や重み付けを追加入力することにより、その企業独自のVISTAマップが完成することになる。このデータベースは、分野を限定すべきものではなく、むしろさまざまな分野にわたって情報量が増えるに従い、新たな技術連鎖の抽出と創出が容易になり、技術戦略の精度向上と新機軸が期待できる。

　以上のように、VISTAマップを用いることにより、官庁が有する市場や産業の調査結果と大学が有する技術情報を、それぞれの企業が有する独自の社内情報、主観情報に容易に融合させることができる。その結果、企業が有する製品やサービスのコア技術に基づいて新市場や新事業を展開する上で、最も可能性の高い技術連鎖経路を見通す"目利き精度"が向上し、選択と集中をすべき開発テーマの抽出、創出を行うことが可能になる。言い換えれば、VISTAマップという共通のプラットホームを提供することにより、官庁や大学の情報を企業固有の技術戦略に直接反映させることができ、官庁や大学にとっては、小手先の支援ではなく、技術戦略策定という抜本的な支援や地域貢献を行うことが可能になり、企業にとっては、ダウンロードするだけで官庁や大学からの膨大な情報を自社戦略にそのまま活用できることになり、技術戦略を策定する際に時間と労力を最も必要とする部分の作業を回避できる。

2. 知的財産権の価値評価

　第5章で述べた技術価値評価と同様の考え方をすれば、自社が取得または出願している知的財産権（特に産業財産権）の価値を定量的に比較評価することが可能になる。自社の知的財産権については、当然のことながら連鎖しようとしている技術エレメントが明確であるため、VISTA マップ上にあるいずれかの技術連鎖ベクトルの要素⑥「知的財産権」として反映されているはずである。例えば、特許の場合には、特許法37条のいわゆる「発明の単一性」の要件を満たす必要があり、技術的に無関係な請求項を1つの願書に併記することができない。すなわち、特許請求範囲の書き方として、各請求項は、単一の発明概念を形成するように関連していなければならない。このことから考えて、仮に特許請求範囲が多項で構成されており、各請求項それぞれを要素⑥とする技術連鎖ベクトルを考える必要がある場合でも、これらベクトルについては、その始点となる技術エレメントが同一かあるいは VISTA マップ上で極めて近い位置の技術エレメントになる。したがって、技術価値を第5章3節の手順に従って数値化すると、他の技術エレメントから見たときの特許請求範囲に関連する技術価値は、各請求項間では差が小さく同程度の値になるものが多い。このことは、自社の知的財産権の価値評価を、場合によっては、請求項単位ではなく出願単位で行うことを可能にする。

3. 異業種企業との技術提携

　中小企業の多くにとって、最終顧客市場までの技術連鎖を見通して連鎖の弱い部分を抽出しても、その部分が異業種分野であるために、現実には技術開発に着手し難い場合が多い。したがって、異業種企業との技術提携を考える必要がある。しかし、第4章6節で述べたように、VISTA マップは、技術開発ポリシーとも言うべき技術連鎖ベクトル要素の重み付けに強く依存している。

しかも、この重み付けは企業独自の守秘事項であるため、VISTAマップを額面通りに企業間で比較することが難しい。また、個々の中小企業の業務範囲は狭いため、最終顧客市場への技術連鎖を見通すためには、複数の中小企業のVISTAマップを接合していく必要が生じる。その結果、技術連鎖に"異種接合界面"が生じ、技術開発ポリシーの相違による歪みが現れる。

　例えば、技術エレメントA、B、C、Dについて、異業種の甲社と乙社が、それぞれ技術連鎖A→B→Cと技術連鎖B→C→Dを有している場合を考える。ただし、ここでは、各企業固有の主観情報を入れると説明が複雑になるため、ベクトル要素としては6個の客観情報のみを考える。A→B、B→C、C→Dの重み付け前の指標値の仮想例ならびに重み付け例1及び例2を、それぞれ表7-1、表7-2、表7-3に示す。

表7-1　甲社（重み付け例1）における技術連鎖A→B（仮想例）

要素	重み付け前の指標値	重み付け例1	重み付け（例1）後の指標値
市場規模	1.0	1.0	1.0
文献（科学的根拠）	1.0	0.0	0.0
参入余地（競合他社）	10	1.0	10
参入余地（競合技術）	10	1.0	10
参入余地（環境・法規制）	10	1.0	10
理論	1.0	0.0	0.00
ベクトルの大きさ			7.1

表7-2　甲社（重み付け例1）と乙社（重み付け例2）における技術連鎖B→C（仮想例）

要素	重み付け前の指標値	重み付け例1	重み付け（例1）後の指標値	重み付け例2	重み付け（例2）後の指標値
市場規模	3.0	1.0	3.0	1.0	3.0
文献（科学的根拠）	10	0.0	0.0	1.0	10
参入余地（競合他社）	1.0	1.0	1.0	0.0	0.0
参入余地（競合技術）	1.0	1.0	1.0	0.0	0.0
参入余地（環境・法規制）	1.0	1.0	1.0	0.0	0.0
理論	10	0.0	0.0	1.0	10
ベクトルの大きさ			1.4		5.9

表7-3 乙社（重み付け例2）における技術連鎖 C → D（仮想例）

要素	重み付け前の指標値	重み付け例2	重み付け（例2）後の指標値
市場規模	8.0	1.0	8.0
文献（科学的根拠）	6.0	1.0	6.0
参入余地（競合他社）	2.0	0.0	0.0
参入余地（競合技術）	4.0	0.0	0.0
参入余地（環境・法規制）	1.0	0.0	0.0
理論	5.0	1.0	5.0
ベクトルの大きさ			4.6

　表7-1、表7-2、表7-3で得られたベクトルの大きさ（太さと濃さ）を、実際に表示したのが図7-2である。上述したように、図7-2の例では、個々の企業に依存しない客観的なベクトル要素のみを対象にしている。それにも関わらず、技術連鎖間の"異種接合界面（図7-2の例では技術連鎖 B → C）"で、技術開発ポリシーの相違による大きな歪み（ベクトルの太さ、濃さの相違）が生じている。このような技術連鎖間の"異種接合界面"での歪みは、企業間の技術提携の成否に大きな影響を与える。従来は、この歪みの原因を文章や口頭で議論してきたが、VISTAマップでは、図7-2に示すように視覚化することにより、歪みの度合い（ベクトルの相違の度合い）とその原因（企業ポリシーの相違なのか、あるいは、主観的情報の相違なのか）を、企業間で容易に共通認識できるようになる。さらに、多くの異業種企業が、VISTAマップを共通のプラットフォームとして利用することにより、技術提携の相手企業を効率的に探索することが可能になる。

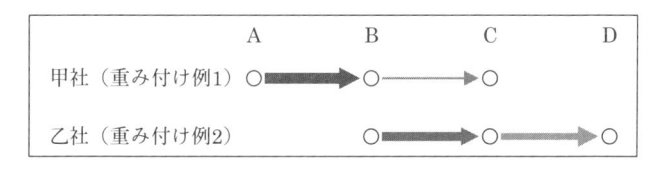

図7-2　異業種の2つの技術連鎖（A→B→C、B→C→D）界面の歪み

4. コンセンサス・マップ

　技術報告会や検討会議などの議事録は、本来、文章などでまとめるべきものではなく、VISTAマップの形で表示されるべきである。そして、会議を行うたびに新たな技術エレメントや技術連鎖ベクトルを書き込み、参加者全員による視覚的なコンセンサスを得ることが必要である。すなわち、関係者全員が技術的な決定事項や共有情報をいつでも想起しやすい形で、記録しておくべきである。技術を議題にした会議において、本質的に重要な決定事項は、VISTAマップに記載できなければならないものであり、逆に、記載できない決定事項は、本質的に重要でない。技術的な決定事項や情報を含む技術"戦略"を社員全員で共通認識することは、社員各自が有する技術"戦術"（現場力）の意義を認識し、自らの技術力を高める駆動力になる。

第8章
まとめ

　Christensenが、その著書「イノベーションへの解」で述べているように、理論構築とは、「現象観察」「現象の分類」「現象の因果関係の解明」の3段階を繰り返しながら、予測能力を高精度化するものである[31]。さらに、このプロセスの中間段階である「現象の分類」を正確に行うことが、有用な理論構築の鍵であるとも述べている。この現象の分類は、科学の世界のように純粋に学術的である場合を除いて、客観的事実のみで行うことは困難である。なぜなら、一般に、技術においては、それが事業化を目的としたものであれば、必ずしも最良の技術が市場を席巻するとは限らないからである。デファクトスタンダードが良い例である。最良の技術でなくても、企業の販売力やサービス体制、企業間連携など純粋な技術開発力とは異なる要因で、事実上の標準化としての地位を確立し、事業化段階において優位に立つ例も多く見られる。そこには、駆け引きや思惑など人為的で主観的な要素が入っている場合も多い。科学に近い位置にあって理論や原理という概念が成り立つ技術においてさえも、このような非客観的要素を考慮しなければならないのであるから、まして、政治や国際社会などの外部環境や多種多様で流動的な顧客ニーズに基づく市場絡みの企業戦略を策定する際には、現象が複雑になり、その分類は極めて困難になる。現象が複雑であることは、言い換えれば、極めて多くのケーススタディが必要になることであり、したがって、ある理論がいくつかのケーススタディで検証できたとしても、それを一般解と称することはできない。そもそも、このような複雑な現象に対して、一般解が存在するのか否かについても不明である。それでも、最終顧客や最終市場に近い製品や技術については、少なくとも特殊解を導き出す手段がさまざまな書籍で提案されており、また、大企業であれば、そ

れを実行するだけの資金やマンパワーも備えていることから、各社にとっての最適な特殊解の導出が試みられてきた。

　しかし、問題は、下請け製品や部品などに特化した中小企業、あるいは最終製品ではあっても衰退しつつある市場の中小企業にとって、それぞれに最適な特殊解を如何にして見いだし、第二創業に繋げるかである。大上段に構えた言い方をすれば、MOT（技術経営）の本来の目的とするところは、まだ事業化には至っていない技術を如何にして成功させるかである。初めから最終顧客市場や最終製品に近い位置にある製品や技術に対して従来の経営手法を適用することは、比較的容易である。したがって、上述した問題は、最終顧客市場や最終製品から遠い位置にある製品や技術を、最終顧客市場や最終製品に近い製品や技術に、如何にして定量的に技術連鎖させるかという問題に帰着する。この観点で、本書では、「目利きVISTAマップ」を提案し、「評価の細分化（分類化）」を行うことにより、最終顧客や最終市場、あるいは、これらに近い位置にある製品や技術から見たときの技術価値の導出を試みた。

　一方、現在、IT化の必要性が多くの分野で言われているが、その実状は、ネットワークシステムや光通信インフラなどの伝達技術に関するものが多い。何を伝達するのか、すなわち、コンテンツはと言えば、従来と同様なフォーマットの業務資料、あるいは、テレビ番組や映画などの動画や音楽をそのままデジタル化したものが多い。しかし、真に重要なコンテンツは、我々各人の頭脳であり、日常茶飯事の思考や閃きである。これらを、後から視覚的に想起できる形で記録しておくことができれば、やがてそれらを技術連鎖させて成功確率の高い事業化への将来展望（vista）が得られるようになり、新事業や有益な新技術を創出するための真に重要なコンテンツになる。我が国において今必要なIT化とは、「個人レベルのコンテンツの統合（I^{2}C：Integrated Individual Contents）」である。

おわりに

　VISTAマップの目的の1つは、"知的資産の垂れ流し"を堰き止めることである。ただし、情報の垂れ流しを堰き止めたとしても、即座に効果が出るものではない。これまで、何十年にもわたって垂れ流してきたのと同じ情報量を蓄積するには、やはり何十年の期間が必要である。すなわち、VISTAマップは、情報の流れを変えて垂れ流しを抑制することはできても、流量そのものを大きくするものではない。唯一の救いは、我々が喪失し続けてきた情報の内、古い情報になればなる程、現在では必ずしも必要ではないことである。したがって、VISTAマップが技術戦略を策定する上で効力を発揮するのに、我々が情報を垂れ流してきた期間程には要しないであろうが、それでも一朝一夕に効果が出るものではないことを、覚悟しておく必要がある。だからと言って、躊躇している余裕は、今の日本にはない。と言うのも、高齢者大国日本では、団塊世代が定年を迎えて大量に退職する「2007年問題」のように、膨大な知識、経験、知恵などが詰まった頭脳が、第一線から退こうとしている。しかし、この貴重な頭脳を記録し受け継ぐことができれば、高齢者大国であることは弱みにならず、逆に、膨大な知的データベースを保有する知的"資源（資産）"国家であると言える。

　一方、日本における若者の理工系離れが問題視されているが、それ以上に、近年ではニート（NEET：Not in Employment, Education or Training）と称する若者が増えている。内閣府の定義によると、「学校に通学せず、独身で、収入を伴う仕事をしていない15～34歳の個人」ということであるが、このニートの数が増えていることも、これまでの日本企業が"戦術（現場力）"のみに頼りすぎて"技術戦略"の策定に本腰を入れてこなかった結果の現れの1

つと考えられる。と言うのも、かつては、作れば売れる、コストを下げれば利益が上がるという、企業内で花形的な存在であった製造現場が、今は、その多くが低賃金を求めて海外に移転しつつあり、日本国内の製造現場の猛者は、花形どころかお荷物扱いされる傾向にある。技術"戦略"の策定を怠った付けが、こともあろうに"戦術（現場力）"でこれまで何とか凌いできた現場技術者に回ってきているのである。その結果、日本の誇る製造現場の多くは疲弊しつつある。何を作ればよいのか分からない"戦略"なき状況下では、先日の技能オリンピックでも示威できた世界最高レベルの"戦術（現場力）"と言えども、日本の若者が興味を抱くとは考えられない。目標をなくしているのは若者だけではなく、製造現場も同じである。今こそ、国を挙げて日本独自の技術"戦略"を策定するためのシステム構築が必要である。

　また、日本における"戦術（現場力）"のレベルの高さを維持していくために、海外への技術移転を疑問視する向きがある。しかし、仮に、技術"戦術"の流出を止めたとしても、その効果は一時的であると考えるべきである。本文中でも述べたように、同じ技術領域での知識量は、経験し始めた当初は急激に増えるが、やがて飽和していく。したがって、技術"戦術"の流出を止めても、やがて、日本と他国との差は僅かなものになってしまう。その僅かな差のために、顧客が日本の技術をありがたがるとは思えない。さらに、他国が、日本の技術"戦術"のレベルに肉薄する以前に、賃金政策の失敗や地域間格差による政情不安などにより自滅するという見方もされている。しかし、競争相手が失敗することを前提にした戦略の策定は、危険である。あるいは、他国と競争するのではなく、相互協力しながら共存共栄を模索していくべきであるとの見方もある。これについても、他国が協力を求めてくるのは、あくまで日本が高度な技術"戦術"レベルを有しているからであり、この強みがなくなれば、物的資源がなく人口もそれ程多くない日本と協力する理由がなくなる。したがって、今こそ米百俵の精神で、将来のために知的資産を蓄積する作業に早急に着手し、日本がこれまでに培ってきた技術"戦術"を継続的に発展させることが不可欠になる。そのために、単に科学技術情報の記録だけではなく、考え方や感性も含めたデータベースの構築が必要である。このデータベースを視覚

的に俯瞰した若者が、最終市場や最終顧客に連鎖する新しい技術や製品を閃かせ、そのことが若者自身の夢となって、働くことへの駆動力とすることができれば、日本は、知的"資源（資産）"国家として、持続成長できるのではないだろうか。

2008年4月

松居　祐一

参考文献

1) D. Leonard and W. Swap, *Deep Smart: How to Cultivate and Transfer Enduring Business Wisdom* (Boston: Harvard Business School Press, 2005). [『経験知を伝える技術―ディープスマートの本質』池村千秋訳、ランダムハウス講談社]。
2) 日本学術会議おもしろ情報館ホームページ (http://www.scj.go.jp/omoshiro/kioku3/kioku3_3.html)。
3) J. B. Barney, *Gaining and Sustaining Competitive Advantage* (New Jersey: Prentice Hall, 2002). [『企業戦略論』岡田正大訳、ダイヤモンド社]。
4) Gary Hamel and C. K. Prahalad, *Competing for the Future* (Harvard Business School Pr, 1996). [『コア・コンピタンス経営―未来への競争戦略』一條和生訳、日本経済新聞社]。
5) 関西広域機構関西広報センターホームページ KIPPO NEWS, Vol.10 No.466（2004年03月17日）(http://www.kansai.gr.jp/KansaiWindowHtml/News/2004/20040317_NEWS.HTML)。
6) 日本経済新聞（2007年08月04日）「絶滅危惧461種増加」。
7) 日経BP「日経ものづくり」No.9（2004）p.45。
8) F. P. Boer, *The Valuation of Technology: Business and Financial Issues in R&D* (John Wiley & Sons, Inc, 1999) [『技術価値評価』宮 正義訳、日本経済新聞社]。
9) 阿部圭一:「明文術」NTT出版（2006）。
10) 日刊工業新聞（2006年10月17日）「もみ殻から非晶質シリカ」。
11) C. M. Christensen, *The Innovator's Dilemma* (Boston: Harvard Business School Press, 1997). [『イノベーションのジレンマ』伊豆原弓訳、翔泳社]。
12) J. M. Utterback, *Mastering the Dynamics of Innovation* (1998). [『イノベーション・ダイナミクス』大津正和 他監訳、有斐閣]。
13) 伊丹敬之:「環境と高齢化の産業化」、NTT出版（2003）。
14) 特許庁ホームページ (http://www.jpo.go.jp/seido/index.htm)。
15) Stephen R. Covey, *The Seven Habits of Highly Effective People* (1990). [『7つの習慣―成功には原則があった』川西 茂 訳、キングベアー出版]。
16) 文部科学省:「平成18年版科学技術白書」。
17) 例えば、市村直幸 他、「パターン認識のためのクラスタ分析に基づく3層ニューラルネットワークの重み初期値の一設定法」電子情報通信学会輪文誌 D-Ⅱ, VolJ77-D-Ⅱ, No.2, 301-310（1994）。
18) 『快人エジソン―奇才は21世紀に甦る』和幸 浜田 著、日経ビジネス人文庫。

19) 『ランダウの生涯』マイヤ・ヤコヴレヴナ・ベサラブ 著（金光不二夫 訳)、東京図書 (1975)。
20) 『プロジェクト X 挑戦者たち：通勤ラッシュを退治せよ』NHK エンタープライズ、第 3 期、Vol.6（2002)。
21) デュポン社のホームページ（http://jp.dupont.com/jpcorp/tradition/history/)。
22) トヨタホームのホームページ（http://www.toyotahome.co.jp/technology/index.html#CAT04)。
23) 日本染色協会 HP より。http://www.nissenkyo.or.jp/page05-01.html。
24) 経済産業省「平成 16 年 繊維・生活用品統計年報」p.190。
25) 総務省「平成 12 年産業連関表計数編 (1)」p.57 の産出額から著者が推測。
26) Wahba, M.A. & Bridwell, L. G., *Maslow Reconsidered: A Review of Research on the Need Hierarchy Theory*, Organizational Behavior and Human Performance 15, (1976) 212-240.
27) J. P. Bigus, *Data Mining with Neural Networks* (2002). [『ニューラルネットワークによるデータマイニング』株式会社社会調査研究所、日本アイ・ビー・エム株式会社 共訳、日経 BP 社]。
28) W. Grassl, *The Reality of Brands: Toward an Ontology of Marketing*, American Journal of Economics and Sociology, 58 (1999) 313-360.
29) 鹿児島県工業技術センター研究報告、No.17 (2003) 1。
30) 京都府中小企業技術センター、「京都府内主要業界の景気動向：平成 17 年 1 月～ 3 月」。
31) C. M. Christensen, *The Innovator's Solution* (Boston: Harvard Business School Press, 2003). [『イノベーションへの解』櫻井祐子訳、翔泳社]。

索 引

[あ行]

アイデア抽出　*100*
アイデア抽出段階　*26*
異業種企業　*132*
異種接合界面　*133*
インテグラル型　*122*
VISTA　*14*
VISTAマップ　*14, 26, 40, 104, 115*
win-win　*24, 70*
win-winの関係　*121*
営業秘密　*65*
営業標識　*65*
エネルギー関数　*31*
MOT（技術経営）　*137*
演繹　*83*
重み付け　*101*
オントロジー　*84, 120*

[か行]

下位概念　*28*
介護活動　*24*
階層構造　*28*
開発段階　*26*
仮説推定　*83*
環境問題　*63*
感性　*46, 75*
完全な戦略　*67*
関連研究　*32*
規格化　*40*
企業規模　*99*
企業の社会的責任　*23*
技術"戦術"　*18*
技術エレメント　*14, 36, 104, 116*

技術開発ポリシー　*101*
技術開発ポリシーの相違　*133*
技術課題の抽出　*117*
技術価値　*16, 27, 104, 108, 127*
技術シーズ　*35*
技術戦略　*15, 115*
技術戦略思考ループ　*115*
技術的コスト優位性　*97*
技術的分割　*37*
技術マップ　*30*
技術連鎖　*14*
技術連鎖経路　*117, 127*
技術連鎖思考　*12*
技術連鎖の核　*49*
技術連鎖ベクトル　*14, 33, 116*
技術連鎖ベクトルの大きさ　*40*
技術連鎖ベクトルマップ　*26*
技術連鎖ベクトル要素　*104*
帰納　*83*
技能　*46, 90*
客観的情報　*12, 129*
QC活動　*21*
競合技術　*55*
競合他社　*52*
"教師"付き学習　*76*
グループシンク　*75*
クロスライセンス　*65*
経験　*34, 76*
経験知　*95*
継続的技術開発　*70*
経路　*105*
ケーススタディ　*136*
減価償却費　*97*

原材料費　97
現象の分類　136
現場力　20, 130, 135
コア・コンピタンス　16, 23, 26
高級感　71
高級ブランド化　71
工程　21, 55
高齢者大国　129
顧客ニーズ　35, 47
こだわり技術　72
コンセプト化　26, 100
コンセンサス・マップ　135
コンテンツ　137
コンテンツの統合　137

[さ行]
財務的分割　37
差別化技術　93
産学（産産）連携　74
産官学連携　128
産業空洞化　25
参入余地（環境・法規制）　63
参入余地（競合技術）　55, 107
参入余地（競合他社）　52
シーズ技術　105
視覚的データベース　35, 43
思考サイクル　115
思考マップ　24
自社技術の評価　117, 126
自社特許　57, 66
市場規模　49
市場の抽出・創出　117
持続可能性　24
質的優位性　73, 99
集団的浅慮　75

主観的情報　12, 129
上位概念　28, 59, 78, 83, 116, 117
情報　46, 47
情報の喪失　129
初期事業化　26
人件費　97
人的・財務的能力　46
新連携　74
スイッチングコスト　99
SWOT　12, 126
数学上のベクトル　33, 39
スカラー　39
筋の良い研究　80
スマイルカーブ　121
請求項　66
製品イノベーション　55
セグメンテーション　119
戦術　16, 18, 21, 129, 135
"戦術"情報　19
選択の自由度　116
前頭連合野　14, 129
専門性（職人技）　76, 94
戦略　15, 16, 18, 21, 129, 135
"戦略"情報　19
総売上高　50
創出型市場　120
総生産高　50

[た行]
大学の地域貢献　23
体制　100
第二創業　137
地域貢献　131
地域文化　25
知識　34

地図情報　42
知的財産権　65, 93
知的財産権の価値評価　132
知的財産情報開示指針　11
知的財産の垂れ流し　128
知的財産報告書　11
知的資産経営報告書　11
抽出型市場　120
直感（閃き）　34, 78, 80
ツリー構造　47
DCF法　27, 28
低コスト化　21
データ圧縮　39
データマイニング　119
デファクトスタンダード　136
伝統　99
伝統的工芸品　124
特許出願　54, 55
特許請求範囲　132
トップダウン方式　28
ドミナント・デザイン　52

[な行]
ニューラル・ネットワーク　31, 76
人間学　70
熱意　96
ノウハウ　76, 92
能力　96

[は行]
排他的戦術　65
発明の単一性　132
PL（製造物責任）法　64
評価の細分化　110, 137
閃き　34

品質向上　21
フィージビリティ・スタディ　26
付加価値　121
ブランド力　99
BRICs　21
ブレークスルー　38
文献（科学的根拠）　68
分配価値　57, 106
分配価値係数　106
ベクトル　39
ベクトルの大きさ（太さと色の濃淡）　39, 41
ベクトル要素　33, 40
法規制　63
防御の心理　75
保有設備　100
ボランティア　24

[ま行]
マーケティング力　20
マクロな競合　108
マクロ要因　126
ミクロな競合　108
ミクロ要因　126
明細書　66
目利き　34
目利き精度　131
"目利き"能力　14
メタファー　84
モジュール型　121
ものづくり　21, 23

[や行]
欲求5段階説　118

[ら行]

利益率　121
理論　90
類推　78, 83
累積機関数　54
累積企業数　52
累積特許出願件数　56

連関図　30
連鎖研究　32
連鎖の創出　127

[わ行]

ワーキングメモリー　14
割引キャッシュフロー　27

■著者紹介

松居　祐一　（まつい　ゆういち）

　滋賀県立大学地域産学連携センター教授。工学博士。
　東京大学大学院工学系研究科修士課程修了。
　住友電気工業株式会社、株式会社神戸製鋼所を経て、2003年より現職。
　日本神経回路学会、応用物理学会、電気学会、電子情報通信学会所属。IEEEメンバー。JAP（米国応用物理学会誌）論文査読員。
　専門分野は、薄膜工学（原子層制御、バンド計算理論）、デバイス工学（センサー、量子効果デバイス、微細加工）、センシングシステム（視覚認識回路設計、並列処理回路設計）、産業マネジメント、技術経営、技術価値評価手法の開発。

連鎖思考による技術価値評価
―目利き（VISTA）マップ―

2008年6月20日　初版第1刷発行

■著　　者────松居祐一
■発 行 者────佐藤　守
■発 行 所────株式会社　大学教育出版
　　　　　　　　　〒700-0953　岡山市西市855-4
　　　　　　　　　電話（086）244-1268　FAX（086）246-0294
■印刷製本────モリモト印刷㈱
■装　　丁────原　美穂

Ⓒ Yuichi Matsui 2008, Printed in Japan
検印省略　　落丁・乱丁本はお取り替えいたします。
無断で本書の一部または全部を複写・複製することは禁じられています。
ISBN978-4-88730-849-7